Berichten, exzerpieren, referieren

für 10- bis 14-Jährige

Roland Wagner
Manfred Nedusch

Herausgegeben
von
Wolfgang Pramper

Illustriert von
Helmut »Dino« Breneis

VERITAS

Inhaltsverzeichnis

Einleitung 3

Der Bericht

Was ist ein Bericht
Von der Erlebniserzählung zum Bericht 4
Worauf es bei einem Bericht ankommt 6
Die W-Fragen als Grundgerüst des Berichts 7
W-Fragen ordnen 9

Arbeiten wie die Profis
Die besten Tipps für angehende Berichteschreiber 10
Meisterhafte Anfänge für Berichte 10
Die perfekte Wortwahl 11

Berichte nach verschiedenen Vorlagen schreiben
W-Fragen zu Berichten ausbauen 12
Eine Zeugenaussage wird zu einem Bericht ... 12
Aufgrund von Zeugenaussagen und Skizzen
Berichte verfassen 14
Nach Bildvorlagen berichten 16

Der Zeitungsbericht
Ausführlicher Bericht, Kurzbericht, Kurzmeldung 18
Verbessere fehlerhafte Berichte! 21
Deine Anfänge als Journalist/in 23
Zum Abschluss ein Kriminalfall 24

Das Exzerpt

Vom Sachtext zum Exzerpt
Sachtexte untersuchen 25
Was du über Sachtexte wissen musst 27
Was ist eigentlich ein Exzerpt? 28

Schritt für Schritt zum gelungenen Exzerpt
Die kleinen Schritte zum erfolgreichen Verstehen
und Kürzen 30
Wie du das Wesentliche erkennst 35
Dein erstes gelungenes Exzerpt 39

Das Referat

So bereitest du dich am besten auf ein Referat vor 41
Vom fertigen Stichwortzettel zum mündlichen
Vortrag 43
Zwei verwickelte Kriminalfälle 44
Lösungen 46

Liebe Eltern, Lehrer, Nachhilfelehrer, Omas, Opas, Tanten, Käufer des Heftes!

Ihr Kind hat viel Fantasie, aber es fällt ihm schwer, sachbezogene Texte zu verfassen? Sie haben beobachtet, dass es Ihrem Kind Schwierigkeiten bereitet, längere Schulbuchtexte oder Texte aus Sachbüchern zu verstehen? Ihr Kind soll sich auf ein Referat oder einen Test vorbereiten und kann sich nicht anders helfen als lange Textstellen auswendig zu lernen?

Für all dies braucht man eine Fähigkeit, die man nicht stur erlernen kann: die Fähigkeit Wesentliches vom Unwichtigen zu unterscheiden.

Wer arbeitet nicht gern mit einem Menschen zusammen, der ohne Umschweife zum Thema kommt und klare, unmissverständliche Aussagen „zur Sache" trifft. Wer wünscht sich nicht manchmal einem langweiligen, ermüdenden Gespräch entfliehen zu können. Wie erfrischend ist es dagegen jemandem zuzuhören, der die richtigen Pointen zu setzen vermag. Diese Fähigkeiten möchte unser Heft fördern.

Im ersten Teil sollen SchülerInnen vertraut gemacht werden mit dem informationsorientierten und sachlichen Schreiben. In klaren, leicht verständlichen Übungen werden wichtige Grundlagen vermittelt für das Verfassen von Berichten. Dabei wird besonderer Wert darauf gelegt, das Wesentliche an einer Sache zu erkennen. Neben diesen wichtigen Grundlagen werden die SchülerInnen in weiterführenden Übungen und durch hilfreiche Tipps und Tricks auch mit dem notwendigen Rüstzeug zum Verfassen eines sachlichen Berichts ausgestattet. Die Informationsbeschaffung aus Texten, das Kürzen (Exzerpieren) dieser Texte zu einem Stichwortzettel und die Wiedergabe in Form eines Referates sind Thema des zweiten Teiles.

Gerade für die Vorbereitung auf Referate und Prüfungen lernen SchülerInnen oft lange Texte auswendig. Anhand von gezielten Aufgaben zu Schulbuch- und Sachbuchtexten sollen sie lernen das Wichtigste zum Thema zu erkennen. In kleinen Schritten wird die Fähigkeit trainiert, ohne Scheu vor langen Texten das Wesentliche herauszufiltern, übersichtlich anzuordnen und erfolgreich wiederzugeben.

Begleiter Ihres Kindes durch das Heftchen sind zwei Figuren: Tina und Inspektor Klug. Sie wissen, worauf es in Schule und Berufsleben ankommt. Sie belehren nicht mit erhobenem Zeigefinger, sondern spornen dazu an, das Erlernte zur Lösung kniffliger Kriminalfälle einzusetzen.

Die Arbeitsanweisungen im Heft sind so gestaltet, dass Kinder die Aufgaben selbstständig durchführen können. Es ist günstig, wenn sich die Kinder ein Übungsheft anlegen, in dem sie alle ihre Texte sammeln. Zu den meisten Aufgaben gibt es Lösungen bzw. Lösungsvorschläge (ab Seite 46), die die Selbstkontrolle bzw. die Überprüfung durch Sie erleichtern.

Zuletzt noch ein wichtiger Hinweis: In jedem Abschnitt gibt es „Gutscheine", die Sie einlösen sollten. Denn jeder braucht eine Anerkennung für seinen Einsatz um eine bessere Note.

In diesem Sinne viel Erfolg

Ihre Autoren

Roland Wagner und Manfred Nedusch

Ich zeige dir, wie man ein guter Berichteschreiber wird! Doch vorher befassen wir uns mit der Erlebniserzählung, damit dir die Unterschiede klar werden.

Von der Erlebniserzählung zum Bericht

Im folgenden Text erzählt René von einem außergewöhnlichen Vorfall.

1 Lies dir zunächst den Text genau durch!

Beachte dann die Anmerkungen am Rand! Sie erklären dir, welche Merkmale für eine Erlebniserzählung typisch sind.

Die Merkmale der Erlebniserzählung:

In einer Erlebniserzählung sollen <u>Überschriften</u> neugierig machen und nicht zu viel vom Inhalt verraten.

Es wird meistens die <u>Ich-Form</u> verwendet.

❶ Erlebniserzählungen sind ausführlich und ausschweifend, das heißt, es wird auch von nebensächlichen Ereignissen berichtet.

❷ Der Schreiber drückt seine Gedanken, Gefühle und seine Meinung aus.

❸ Wörtliche Reden machen den Text lebendiger.

❹ Es kommen auch <u>Übertreibungen</u> (aus Sicht des Schreibers) vor.

Anglerpech!

Lange in Erinnerung behalten werde <u>ich</u> jenes aufregende Erlebnis, das ich heuer während unserer Landschulwoche in Freiberg hatte. Dort waren wir – die 2a der Hauptschule Oberkirchen – mit unseren beiden Lehrern in einer sehr schönen Jugendherberge untergebracht.

❶ <u>Ich teilte das Zimmer mit meinen Freunden Paul, Sebastian und Roman. Besonders an den Abenden hatten wir immer viel Spaß zusammen und wir schliefen oft sehr spät ein. Doch die Lehrer merkten es zum Glück nicht.</u> Unmittelbar neben unserem Quartier gab es einen Fischteich, der uns zum Angeln zur Verfügung stand. Am dritten Tag unseres Aufenthaltes verabredete ich mich mit Sebastian für sechs Uhr zum Fischen. Da wir beide noch Anfänger waren, erklärte unser Lehrer, Herr Fenz, alles genau. <u>Als ich dann am Ufer stand, war ich sogar ein bisschen aufgeregt beim Gedanken einen wirklich großen Fisch zu fangen.</u> Nach einigen Versuchen fand ich, dass es für den Anfang sehr gut klappte. Es bereitete uns beiden großes Vergnügen, obwohl wir nichts fingen. ❸ „<u>Ich fürchte, auf unser Abendessen müssen wir noch lange warten!</u>", rief mir Sebastian scherzend zu. „Dafür wird das Essen ❹ nicht wieder so <u>ungenießbar</u> sein", meinte ich und dachte an den Eintopf, den es am Vortag gegeben hatte. In der Hoffnung doch etwas zu fangen warf ich erneut die Angel aus.

Inzwischen waren einige Enten näher geschwommen. <u>Ich stellte fest, dass es Stockenten waren. Bei Wasservögeln kenne ich mich nämlich sehr gut aus, da ich in Biologie ein Referat gehalten habe.</u> Die Enten hatten vorher noch friedlich am Ufer geschlafen, nun tummelten sie sich ausgerechnet dort, wo unsere Angelhaken mit den Brotkrumen waren. Mit Unbehagen bemerkte ich, dass die Enten immer näher kamen. Und dann ging plötzlich alles sehr schnell: Ich begann wie wild die Angelschnur einzurollen, da schnappte eine junge Ente so fest nach den Brotstücken, dass sich der scharfe Haken in ihrem Schnabel festbohrte. Für kurze Zeit war ich starr vor Schreck. Dann schrie ich verzweifelt zu Sebastian: „Hilf mir! Sieh dir das an!" Sebastian konnte es kaum glauben. Die Ente schwamm am Angelhaken hängend hilflos im Teich. Sebastian rannte sofort zu Herrn Fenz, der wiederum den Verwalter, Herrn Eder, verständigte. Vorsichtig zog dieser an der Angelschnur und hob das Tier behutsam aus dem Wasser. Mittlerweile waren einige Mitschüler dazugekommen. Manche von ihnen machten sich lustig über mich. Das tat mir weh. Ich schämte mich. Sebastian tat auf einmal so, als ob er mit all dem nichts zu tun hätte. Beinahe alle Bewohner von Freiberg waren herbeigeeilt und staunten nicht schlecht. Herr Eder entfernte schließlich mit viel Gefühl den Haken aus dem Schnabel und sagte: „Die Ente hat noch einmal Glück gehabt. Die leichte Wunde wird bald verheilen." Dann ließ er sie wieder in den Teich zurück.

Immer noch etwas geschockt räumte ich mein Angelzeug ein. Unser Lehrer verbot mir an diesem Tag noch weiter zu angeln, was mir aber nichts ausmachte. Mir war die Lust ohnehin gründlich vergangen. Doch immerhin schmeckte mir an diesem Tag das Abendessen.

2 Im zweiten Teil der Erzählung „Anglerpech" sind – so wie im ersten Teil – einige Textstellen unterstrichen. Um welche Merkmale der Erlebniserzählung handelt es sich hier? Setze die passende Zahl (1, 2, 3, 4) in den Kreis ein!

3 Suche in der Geschichte „Anglerpech" die vier Teile der Erzählung und kennzeichne sie mit Farbe am Rand des Textes!

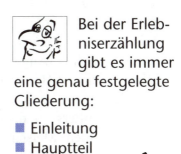

Bei der Erlebniserzählung gibt es immer eine genau festgelegte Gliederung:

■ Einleitung
■ Hauptteil
■ Höhepunkt
■ Schluss

Worauf es bei einem Bericht ankommt

Da Renés Erlebnis wirklich außergewöhnlich war, wurde darüber in der Schülerzeitung der Hauptschule Oberkirchen berichtet. Folgender Bericht wurde veröffentlicht:

1 Lies den Bericht und vergleiche ihn mit der Erlebniserzählung! Welche Unterschiede fallen dir sofort auf?

Schüler angelte Ente

Mit einem solchen Fang hat René sicher nicht gerechnet! Der Schüler René Manz (12) war vergangene Woche mit seiner Klasse, der 2a, auf Landschulwoche in Freiberg. Gemeinsam mit seinem Freund unternahm er am Mittwoch, dem 4. Juni, abends seine ersten Angelversuche an einem Fischteich. Zu spät bemerkte René einige Stockenten. Noch ehe er den Köder einholen konnte, biss das Tier in die am Haken befestigte Brotkrume. Der Haken steckte im Schnabel fest. Der Teichbesitzer und Sportfischer Bernd Eder (35) befreite daraufhin das Tier aus seiner misslichen Lage. Nur leicht verletzt wurde es wieder freigelassen. Eder erklärte, es komme beim Angeln mit Schwimmer und Brotkrumen – im Gegensatz zum Grundfischen – öfters zu derartigen Zwischenfällen. Meistens erleiden die Tiere dabei aber keine ernsthaften Verletzungen. Dem etwas geschockten René M. wurde von seinem Lehrer das Angeln für diesen Tag untersagt.

Die Merkmale des Berichts

- Der Bericht bringt genaue Informationen über das Geschehen. Er beschränkt sich auf das Wesentliche eines Ereignisses. Berichte können daher kurz sein.
- Die Sprache im Bericht ist sachlich. Fachausdrücke dienen zum besseren Verständnis. Das Passiv und die indirekte Rede werden oft verwendet.
- Im Bericht ist die persönliche Meinung des Schreibers nicht erkennbar. (In unserem Bericht dürfte sich der Schreiber zum Beispiel nicht darüber äußern, ob er das Angelverbot für René als gerecht oder ungerecht empfindet.)
- In jedem Bericht müssen die wichtigsten W-Fragen beantwortet werden:

  Was geschah genau? Wer war am Geschehen beteiligt? Wann fand das Ereignis statt? Wo geschah es? Warum kam es zu dem Vorfall? Welche Folgen brachte das Ereignis mit sich? (Personenschäden? Sachschäden? Strafen?)

  Manchmal erfährt man in einem Bericht auch, wie etwas geschah. Grundsätzlich gilt: Je genauer ein Bericht über ein Geschehen informiert, desto besser. Doch oft wird die Wie-Frage bereits im Zusammenhang mit anderen W-Fragen erwähnt.
- Berichte stehen meist in der Er-Form.
- Im Bericht verwendet man die Zeitform Präteritum.

Ein Vorfall – zwei Darstellungen! Du siehst, man kann von einem Ereignis erzählen und davon berichten.

Die W-Fragen als Grundgerüst des Berichts

Die Frage nach dem **Was?** ist meistens in der Berichtüberschrift zu finden.

Zähle bei der Frage nach dem **Wer?** nur die Personen auf, die für das Geschehen wirklich wichtig sind!

1 Untersuche den Bericht „Schüler angelte Ente" im Hinblick auf die W-Fragen! Unterstreiche zuerst die einzelnen Antworten im Text! Verwende verschiedene Farben!

Was? Schüler angelte eine Stockente

Wer?

Wann?

Wo?

Warum?

Welche Folgen? (für René? für die Ente?)

2 Finde im folgenden Bericht die Sätze, die eher in eine Erzählung gehören, und streiche sie durch! Schreibe dann den korrigierten Bericht in dein Übungsheft!

Pkw-Lenker rammte Kind

Bei einem Unfall auf einer abgelegenen Straße in Freistadt wurde am Samstag, den 15. 4. abends die elfjährige Verena B. aus Reichenau leicht verletzt. Freistadt ist ja bekanntlich der Austragungsort der alljährlichen „Mühlviertler Messe", welche immer Zehntausende Menschen anlockt. Heuer erhoffen sich die Veranstalter einen Besucherrekord. Das Kind war mit seinem Fahrrad in einer Rechtskurve auf die linke Fahrbahnseite geraten und dort gegen den entgegenkommenden Pkw des 25-jährigen Verkäufers Oskar S. gekracht. Diese unvernünftigen Kinder heutzutage können einfach nicht aufpassen! Ich finde, dass man ihnen in Zukunft das Radfahren nur in Begleitung ihrer Eltern erlauben sollte. S. erlitt einen Schock, die Schülerin Verena B. einen Beinbruch. Sie musste von der Rettung ins Krankenhaus gebracht werden.

3 Warum sind die betreffenden Sätze deiner Meinung nach unpassend? (Denke an die Merkmale der Erzählung!)

4 Untersuche den Bericht „Pkw-Lenker rammte Kind" auf die W-Fragen! Schreibe sie in dein Übungsheft!

7

Du hast die sechs W-Fragen ja bereits kennen gelernt: Was? Wer? Wann? Wo? Warum? Welche Folgen?

Bei den drei Kurzberichten auf dieser Seite sind dem Schreiber leider einige Fehler unterlaufen, da er Schwierigkeiten mit den W-Fragen hatte.

5 In jedem der folgenden Berichte wurde eine W-Frage nicht berücksichtigt. Finde sie heraus und überlege selbst eine passende Antwort!

Brand auf Bauernhof

Vermutlich durch Schweißarbeiten kam es zu einem Brand auf dem Bauernhof des 35-jährigen Landwirtes Roman F. in Kirchschlag im Bezirk Wiener Neustadt (NÖ). Obwohl 55 Feuerwehrmänner gegen das Flammeninferno ankämpften, wurden ein Großteil des Gebäudes, die Futtervorräte und landwirtschaftliche Geräte vernichtet. Außerdem verbrannten zehn Kühe hilflos. 35 Rinder konnten gerettet werden. Der Schaden dürfte mehrere hunderttausend Euro betragen.

Fehlende W-Frage: _____

Dein Vorschlag: _____
_____

Traktor stürzte bei Unfall auf Tochter

Schwer verletzt wurde die 25-jährige Büroangestellte Anita H. aus Vorchdorf, als sie Dienstag, den 2. 6. abends ihren Eltern auf dem landwirtschaftlichen Anwesen half. Das Fahrzeug kippte um und klemmte die Frau ein. Drei Angehörige befreiten sie sofort. Die Rettung brachte sie ins Spital.

Fehlende W-Frage: _____

Dein Vorschlag: _____
_____

Mit Auto in Bach gelandet

In einem Bach endete Freitag, den 10. 7. die Heimfahrt der Schneiderin Josefine P. (43) und ihrer Schwägerin Daniela A. (38).
Aus unbekannter Ursache kam sie mit ihrem Auto ins Schleudern. Der Wagen rutschte von der Fahrbahn und stürzte über eine vier Meter hohe Böschung in einen Bach, der zum Glück gerade wenig Wasser führte. Der Wagen blieb mit den Rädern nach oben liegen. Helfer schlugen die Scheiben des Autos ein und retteten die schwer Verletzten, die in ein Spital gebracht wurden.

Fehlende W-Frage: _____

Dein Vorschlag: _____
_____

6 Wenn du die fehlenden Angaben richtig erkannt hast, beantworte für jeden Bericht die restlichen fünf W-Fragen in deinem Übungsheft!

W-Fragen ordnen

Normalerweise herrscht Ordnung in den Regalen des Revierinspektors J. Klug. Doch diesmal sind die Aktenordner in den „W-Fragen-Regalen" ziemlich durcheinander geraten.

1 Welche Ordner gehören zusammen? Male diejenigen Ordner, die zu einem „Fall" gehören, mit derselben Farbe an! Ein Tipp: Jeder Fall besteht aus einer Was-, Wer-, Wann-, Wo-, Warum- und Welche Folgen-Frage!

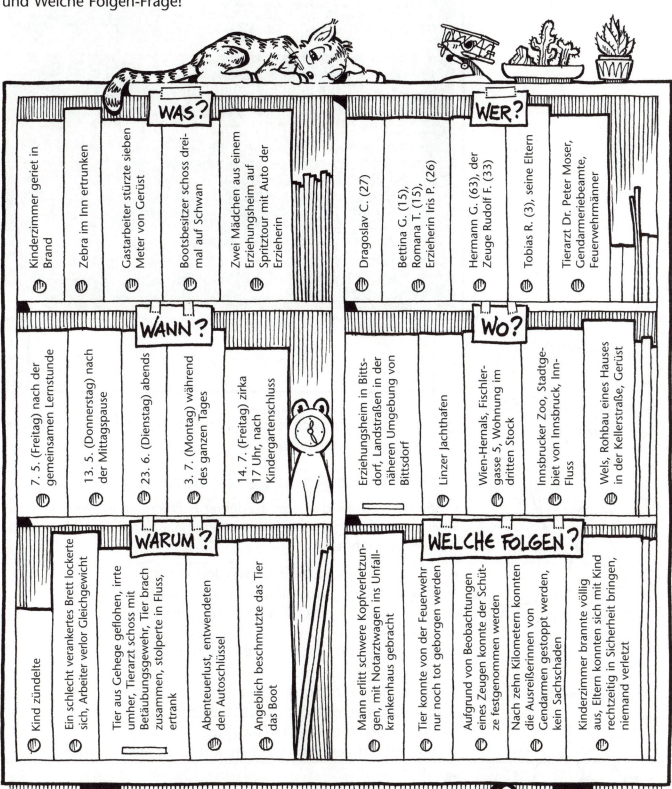

Die besten Tipps für angehende Berichteschreiber

Rufe dir noch einmal die wichtigsten Merkmale eines Berichtes in Erinnerung (siehe Seite 6)!

Das Wichtigste in Kürze:
- Der Bericht ist die Beantwortung der sechs W-Fragen.
- Die Sprache im Bericht ist sachlich.
- Die persönliche Meinung des Schreibers darf nicht erkennbar sein.
- Der Bericht steht im Präteritum.

Wichtig für den inhaltlichen Aufbau (Gliederung):
- Inhaltlich gelungen ist der Bericht nur dann, wenn du die W-Fragen klar beantwortest.
- Das „**Was?**" kannst du schon in der Berichtüberschrift andeuten.
- Die richtige zeitliche Reihenfolge musst du genau einhalten. (Was geschah zuerst? Wie ging es weiter?)
- Beschreibe die Folgen (Personenschäden, Sachschäden …) erst am Schluss des Berichtes.

Toll! So gelingt jeder Bericht gleich von Beginn an!

1 Kannst du die wichtigsten Merkmale aus dem Gedächtnis in dein Übungsheft schreiben?

Meisterhafte Anfänge für Berichte

Damit du nicht lange ratlos an deiner Füllfeder kaust, weil du nicht weißt, wie du beginnen sollst, hier ein paar Vorschläge für passende Berichtanfänge:

- In letzter Minute gerettet werden konnte …
- Noch einmal glimpflich davongekommen ist …
- Haarscharf an einer Katastrophe vorbei ging …
- … war Schauplatz eines/einer spektakulären …
- Zu einem dramatischen Zwischenfall kam es …
- Vermutlich wegen … entstand …
- Für einige Aufregung sorgte …
- Einen schweren Schock erlitt/erlitten …
- Weiterhin ungeklärt ist/sind …
- Bodenloser Leichtsinn führte am … zu einem/einer …

1 Verwende drei dieser Berichtanfänge in Sätzen!

Die perfekte Wortwahl

So fällt es dir leicht, störende Wortwiederholungen im Bericht zu vermeiden!
Wörter, die du in deinen Berichten verwenden kannst:

Nomen:
Unfall, Aufprall, Einsturz, Zusammenstoß, Kollision, Überfall, Verbrechen, Zwischenfall, Ereignis, Vorfall, Opfer, Verletzte(r), Verbrecher, Räuber, Täter, Vollbremsung, Unglück, Ursache, Straftat, Fachleute, Gefahr, (erste) Hilfe, Tod, Bewusstsein, Attentäter, Fahndung, Sanitäter

Adjektive:
spektakulär, turbulent, gefährlich, schwer, folgenschwer, harmlos, unbekannt, glimpflich, frontal, dreist, gerissen, kurios, gewaltsam, schuldig, verletzt, unauffällig, ärztlich, lebensgefährlich, vermutlich, unfassbar, entsetzlich, gewaltig

1 Verbinde drei Nomen mit passenden Adjektiven!
Z. B. ein spektakulärer Überfall, der gerissene Täter

_____
_____
_____

Verben:
geschehen, sich ereignen, passieren, sich abspielen, erleiden, sich zuziehen, verschulden, verursachen, bremsen, sich nähern, zusammenstoßen, aufeinander prallen, übersehen, auffahren, hervorrufen, zur Stelle sein, alarmieren, töten, hinterlassen, krachen

2 Bilde von drei Verben die 3. Person Singular (er, sie oder es) im Präteritum! Z. B. es ereignete sich, sie versuchte

_____
_____
_____

3 Bilde mit drei Verben Sätze!
Z. B. Der Lenker verursachte einen Unfall.

Hier ist Platz für eigene Vorschläge! Du kannst Wörter eintragen, von denen du glaubst, dass du sie öfter in Berichten verwenden wirst! Achte auf die richtige Wortart (Nomen, Adjektiv, Verb)!

Nomen:
_____
_____
_____
_____
_____

Adjektive:
_____
_____
_____
_____
_____

Verben:
_____
_____
_____
_____
_____

W-Fragen zu Berichten ausbauen

Sicher hast du auf Seite 9 die Ordnung in Inspektor Klugs Aktenschrank wieder hergestellt. Doch der Vorgesetzte des Inspektors verlangt über jeden abgeschlossenen Fall einen genauen Bericht. Da Klug wieder einmal völlig überarbeitet ist, gibt er diese Aufgabe gerne an jemand anderen ab. Er hat dabei an dich gedacht!

1 Schreibe zu jedem der fünf Fälle einen Bericht! Grundlage sind die W-Fragen aus dem Aktenschrank.

Eine Zeugenaussage wird zu einem Bericht

Freitag, 2. 9.: Alarm im Polizeihauptquartier! Ein Überfall auf das Lebensmittelgeschäft „E & B Huber" in Traunstein wird gemeldet.

Inspektor Klug rast sofort mit Blaulicht zum Tatort. Dort sind bereits einige Polizisten mit ersten Ermittlungen beschäftigt. Ein Polizist führt Klug zur 47-jährigen Emma Huber, der Geschäftsinhaberin. Sie hat den Überfall zwar ohne Verletzungen überstanden, wirkt aber sehr geschockt.

„Wie spielte sich der Überfall aus Ihrer Sicht ab?", fragte der Inspektor. Frau Huber macht folgende Zeugenaussage:

Ich kann das noch immer nicht fassen! Ich werde in meinem eigenen Geschäft überfallen! Gott sei Dank hat mich der Polizist gleich aus meinem „Gefängnis" befreit. Dass dieser Schuft mich in die Toilette sperrt – ein Wahnsinn! Zum Glück gibt es dort ein kleines Fenster. Ich habe halt so lang geschrien, bis mich der Nachbar gehört hat, und der hat dann die Polizei verständigt. Meine Schwester, die Berta, mit der zusammen ich den Laden betreibe, war nicht mehr im Geschäft. Sie müssen wissen: Um diese Zeit – Wie spät wird es gewesen sein? So zirka 19 Uhr ... – da bin ich immer alleine im Geschäft. Der Kerl muss durch den Lieferanteneingang gekommen sein. Den sperre ich tagsüber fast nie zu. Hat er das etwa gewusst? Ich zittere jetzt noch, wenn ich an den Verbrecher denke. Dabei fürchte ich mich bei Fernsehkrimis nie, Herr Inspektor. Und wie der aussah! Gleich aufgefallen ist mir der eigenartige Spitzbart. Der hat etwas lächerlich ausgeschaut. Das Lachen ist mir aber schnell wieder vergangen. Der Räuber war etwas größer als mein Mann, und der ist 177 Zentimeter groß. Ziemlich kräftig war er auch, das habe ich gleich gemerkt. Er hat kurzes, leicht gräuliches Haar gehabt. Er muss in meinem Alter gewesen sein. Na ja, ich bin gerade im Büro gesessen und habe die Tageseinnahmen gezählt. Da steht plötzlich einer vor mir und fuchtelt mit einem schrecklichen Ding herum. Herr Inspektor, ich habe in meinem ganzen Leben noch keinen echten Revolver gesehen! Sie können sich denken, was ich für einen Schrecken bekommen habe. Gesprochen hat der Mann ja fast nichts, nur so viel: „Gib mir das ganze Geld, und zwar schnell, oder du bist tot!" Dabei habe ich an diesem Tag gar nicht besonders viel eingenommen. Wenn nämlich das Wetter so schön ist wie heute, fahren die Leute meistens weg. Aber zirka 2 000 Euro hat er mitgenommen. Wann bekomme ich das Geld wieder, Herr Inspektor? Wenn er mich nicht eingesperrt hätte, wäre ich ihm sofort nachgelaufen, diesem Schuft. Aber ich konnte mich ja nicht selbst befreien, ich habe immer nur „Karl! Hilfe! Karl!" geschrien. Der Karl Kramer, das ist mein Nachbar, der hat gerade seinen Rasen gemäht. Beinahe hätte er mich nicht gehört. Aber ich sage Ihnen, wie dieser Räuber ausgeschaut hat! Dieser Bart, das war so ein eigenartiger Spitzbart …"

„Danke, Frau Huber", unterbricht Klug, „das genügt mir fürs Erste. Leider haben wir außer Ihnen keine Zeugen. Da wir bis jetzt nicht wissen, wie, womit und wohin der Verbrecher geflohen ist, habe ich bereits eine Großfahndung veranlasst."

Schon am nächsten Vormittag können vier Verdächtige festgenommen werden. Inspektor J. Klug hat wieder einmal ganze Arbeit geleistet. Nur von den 2 000 Euro fehlt jede Spur. Noch am selben Tag kommt es zu einer Gegenüberstellung der vier Männer mit Frau Emma Huber.

1 Welcher der vier hat den Überfall begangen?

Fritz Goser (45), Busfahrer
Felix Pum (40), Postbeamter
Jörg Taler (46), Verkäufer
Jürgen Bort (35), Schlosser

Hier kannst du die Antworten auf die W-Fragen notieren:

Was?

Wer?

Wann?

Wo?

Warum?

Welche Folgen?

Zwei Hinweise:

Achte beim Schreiben auf die richtige Zeit!

In Berichten verwendet man stets das Präteritum. (Die gesprochene Zeugenaussage hingegen steht im Perfekt.)

Achte auf die logische zeitliche Reihenfolge!

Dir muss klar sein, wie sich der Überfall genau abgespielt hat. Lege dir zur besseren Übersicht eine Stichwortliste an, die die aufeinander folgenden Ereignisse festlegt! (z. B.: 19 Uhr → Büro → Huber zählt Tageseinnahmen → Verbrecher kommt durch den Lieferanteneingang → …)

2 Schreibe einen Bericht über diesen spektakulären Überfall!

Halt! Bevor du loslegst:

■ Lies dir die Zeugenaussage von Frau Huber noch einmal genau durch!
■ Unterstreiche diejenigen Angaben, die du für den Bericht verwenden wirst! (Es ist klar, dass nicht alles, was Frau Huber sagt, im Bericht vorkommen darf.)
■ Beantworte die W-Fragen! Berücksichtige dabei auch die Aussagen von Inspektor Klug! Schreibe die Antworten auf Seite 13 auf!

Aufgrund von Zeugenaussagen und Skizzen Berichte verfassen

Inspektor Klug wird zum nächsten Unglück gerufen: einem Unfall bei einem Zeltfest. „Da wird es hoffentlich mehr Zeugen geben als bei unserem letzten Fall", hofft Klug. Er sollte Recht behalten. Als er am Ort des Geschehens eintrifft, sind bereits zahlreiche Menschen um die Unglücksstelle versammelt. Ein Polizist überreicht dem Inspektor folgende handgezeichnete Skizze:

1 Betrachte die Skizze genau! Hast du bereits eine Vermutung, wie sich der Unfall abgespielt hat?

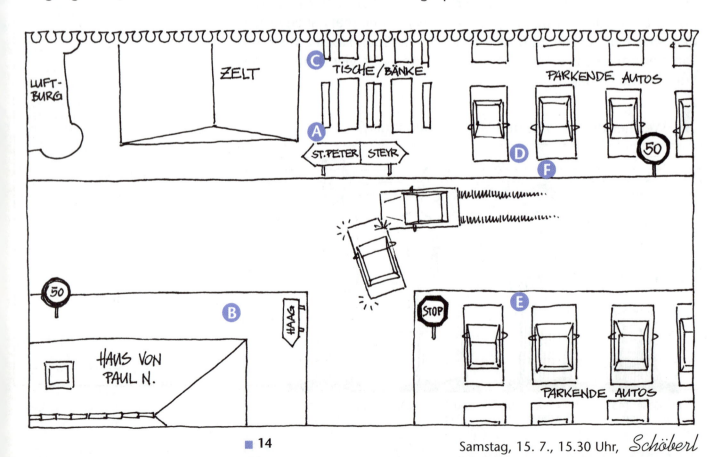

Samstag, 15. 7., 15.30 Uhr, Schöberl

J. Klug beginnt daraufhin mehrere Zeugen über den Unfallhergang zu befragen:

2 Lies die Zeugenaussagen aufmerksam! Sieh auf der Polizeiskizze nach, wo die Zeugen zum Zeitpunkt des Unfalles waren (A–F)!

„Es sangen gerade die „Lustigen Jodelschwestern" ihren Hit „Du bist wie der Enzian". Da machte es einen ordentlichen Kracher. Sonst weiß ich nichts." (Hubert H., Festbesucher, saß auf einer der Bänke im Freien; **A**)

„Ich verständigte sofort von meinem Haus aus die Gendarmerie und die Rettung. Sie war innerhalb von nur drei Minuten zur Stelle. Im zwei Kilometer entfernten St. Peter gibt es nämlich eine Rettungsstelle. Thomas F. erlitt Rückenprellungen, Petra B. eine Gehirnerschütterung und einen Schock. Sie wurden beide ins Krankenhaus Steyr gebracht. Ich erfuhr außerdem, dass Thomas F. 35 Jahre alt ist und in Sierning bei Steyr wohnt." (Paul N., Besitzer des nahe gelegenen Hauses, stand gerade im Garten; **B**)

„Es war gerade 15 Uhr 30, als ich einen Aufprall hörte. Der eine Wagen war ein Renault. Sonst habe ich nichts beobachtet. Aber Sie wissen ja: ich muss mich dauernd um die Gäste kümmern." (Julia B., sie arbeitete gerade als Kellnerin vor dem Zelt; **C**)

„So ein Pech! Die arme Frau! Dabei kenne ich sie sogar persönlich! Sie ist 23 und wohnt in Weistrach. Bei der Stopptafel blieb sie noch stehen, und dann fährt sie – ohne den Verkehr zu beachten – einfach in die Kreuzung." (Silvia G., sie ging gerade zu ihrem parkenden Auto; **D**)

„Es war eindeutig, dass Petra B. durch das Treiben auf dem Zeltfest abgelenkt wurde. Daher übersah sie beim Abbiegen nach St. Peter den herankommenden Thomas F. Na ja, der Sachschaden an beiden Autos ist beträchtlich." (Andrea W., sie stellte ihr Auto gerade auf der Wiese ab; **E**)

„Thomas F. war sicher nicht zu schnell unterwegs. Das sah ich sofort. Er bremste scharf, konnte den Aufprall aber nicht verhindern." (Robert R., er ging entlang der Straße; **F**)

3 Verfasse aufgrund der Skizze sowie der Zeugenaussagen einen Bericht! Beachte:

- Keiner der Zeugen sagte die Unwahrheit. Doch manches ist für den Bericht unbrauchbar.
- Außerdem musst du erst aus den Aussagen die Antworten auf die W-Fragen herausarbeiten. Schreibe sie zuerst stichwortartig in dein Übungsheft, bevor du mit dem Bericht beginnst!

GUTSCHEIN
für deine Lieblings=
speise, weil du
besonders fleißig
und schlau warst!

Klug
(Inspektor)

Nach Bildvorlagen berichten

Das ist auch für einen erfahrenen Polizisten wie Klug nicht alltäglich! Gleich vier Unglücksfälle muss er innerhalb kurzer Zeit bearbeiten. Deine Mithilfe ist wieder einmal gefragt. Hier sind Bilder vom Tatort.

1 Sieh dir die Bilder genau an! Auf jedem ist ein Unglücksfall zu sehen. Schreibe auf, **was** geschah!

Auch die Unfallursache (**Warum?**) erkennst du auf den Bildern!

Auffahrunfall (= wenn hintereinander fahrende Autos zusammenstoßen)
Motorhaube
Windschutzscheibe
Bremsspuren (Nach einer Vollbremsung sind dunkle Streifen auf der Fahrbahn zu sehen.)

Was geschah?

___

Warum geschah es?

___

Sturmwarnung (Diese wird durch ein blinkendes Licht am Ufer angezeigt.)
Wellengang (= Größe und Höhe der Wellen)
Windböen (= Windstöße)
Seepromenade (= Spazierweg)

Was geschah?

___

Warum geschah es?

___

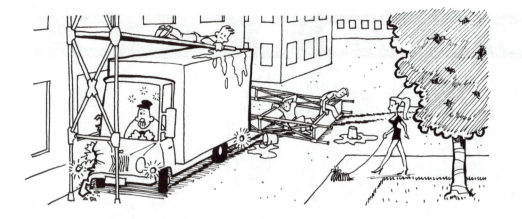

**Gerüst
Verputzarbeiten
Spedition** (= Transportunternehmen)
Warnblinkanlage
(Alle Blinker sind eingeschaltet, bei Pannen oder beim unvorhergesehenen Stehenbleiben.)

Was geschah?

Warum geschah es?

**Löschfahrzeug
Wohnungsbrand
Kanister** (= Behälter für Flüssigkeiten)
**Rauchgasvergiftung
Brandstiftung**

Was geschah?

Warum geschah es?

Bericht-Experten wissen: immer zuerst die W-Fragen beantworten! Die Fragen **Wer?** und **Wo?** kannst du mithilfe der Bilder lösen. Selbst ausdenken musst du dir Namen für die Personen und Orte und den Zeitpunkt der Unfälle. Außerdem sollst du den weiteren Verlauf des Ereignisses und die Folgen festlegen.

2 Verfasse zu jedem Vorfall einen Bericht! Verwende dazu die angegebenen Fachausdrücke!

GUTSCHEIN

für eine kleine Aufmunterung. Dein Fleiß ist bewundernswert!

Klug
(Inspektor)

Lass dich nicht in die Irre führen! Es ist nur eine Straftat (= Handlung, die eine Gefängnisstrafe zur Folge hat) zu sehen. Unterscheide zwischen Straftaten und der Missachtung von Verboten! Auch davon gibt es etwas auf dem Bild zu entdecken.

Auf dem Monitor der Überwachungskamera sieht man die Fußgängerzone der Stadt Gelnhausen. Nur flüchtig betrachtet der Dienst habende Sicherheitsbeamte das Bild. Er will sich schon abwenden, da fällt ihm etwas auf. Sofort verständigt er die Kriminalpolizei.

3 Welche Straftat hat der Wachmann entdeckt?

_____

4 Als Sicherheitsbeamter hast du die Aufgabe, einen Bericht über den Vorfall in der Fußgängerzone von Gelnhausen zu schreiben. Beantworte vorher genau die W-Fragen!

Überlege und ergänze alle Angaben aus deiner Fantasie!

Ausführlicher Bericht, Kurzbericht, Kurzmeldung

1 Die folgenden Berichte stammen aus drei verschiedenen Tageszeitungen:
Lies die Berichte und vergleiche sie miteinander! Was fällt dir auf?

12-jähriger Hauptschüler aus Mattighofen liegt mit Schädelbruch im Krankenhaus

Fußballtor fiel Buben auf den Kopf

„Der Bruch auf seinem Kopf geht quer bis zum Ohr, aber die Ärzte haben mir gesagt, dass mein Christian dennoch viel Glück gehabt hat." Das schilderte die Mutter jenes 12-jährigen Hauptschülers aus Mattighofen, der Dienstag Nachmittag beim Fußballspielen von einem Aluminium-Tor beinahe erschlagen worden war.

Christian R. (12) hat sich mit Freunden am Übungssportplatz des ATSV in Mattighofen zum Fußballspielen getroffen. Christian stand dabei im Tor. Ein Mitspieler dürfte sich nach letzten Erkenntnissen auf das bewegliche Aluminium-Tor

Der 12-jährige Christian R.

VON BERTHOLD SCHMID

„gehängt" haben. Plötzlich kippte das Tor nach vorne und traf den Torwart. Das „Kreuzeck" krachte mit großer Wucht auf den Kopf des Hauptschülers, der blutüberströmt zu Boden sackte.

Bruno, K. der etwa 200 Meter neben dem Sportplatz wohnt: „Kinder sind dahergelaufen und haben gerufen, dass etwas passiert ist. Ich bin gleich hin und habe Hilfe organisiert."

Gemeinde- und Notarzt versorgten den schwer verletzten Christian, der anschließend im Notarzthubschrauber „Martin 1" in die Salzburger Kinderchirurgie geflogen wurde. Mutter Christina R. zum „Krone"-Reporter: „Der Bruch ist glatt, haben die Ärzte gesagt. Der Christian hat noch Glück gehabt und das Hirn ist nicht beschädigt. Aber eine Computer-Tomographie muss heute noch gemacht werden ..."

Von diesem Aluminium-Tor wurde der Hauptschüler fast erschlagen

(Neue Kronen Zeitung, 10. 7. 1997)

■ OBERÖSTERREICH
BRAUNAU/INN – Von Fußballtor fast erschlagen. Schwer verletzt wurde ein zwölfjähriger Schüler in Mattighofen Dienstag Nachmittag bei einem Fußballmatch mit Freunden. Das mobile, aus Aluminium gebaute „Goal" stürzte plötzlich um und traf den Buben am Kopf.

(Kurier, 10. 7. 1997)

Von Fußballtor fast erschlagen

MATTIGHOFEN. Ein schlimmes Ende nahm am Dienstag Nachmittag ein Fußballmatch einiger Freunde auf dem Trainingsplatz des ATSV Mattighofen: Der 12-jährige Schüler Christian R., der im Tor stand, wurde von einer oberen Ecke des aus unbekannter Ursache plötzlich umstürzenden mobilen Aluminium-„Goals" am Kopf getroffen und

zu Boden geschleudert. Seine Mitspieler riefen die Rettung. R. wurde mit schweren Kopfverletzungen mit dem Notarzthubschrauber ins LKH Salzburg geflogen, war aber gestern bereits außer Lebensgefahr.

(OÖN, 10. 7. 1997)

Über dasselbe Ereignis („Tor stürzte auf Buben") wird auf verschiedene Weise berichtet.

Du hast sicher sofort erkannt, dass sich die Berichte nicht nur in der Länge unterscheiden. Auch die Anzahl der darin enthaltenen Informationen sind unterschiedlich. Manche Berichte informieren genauer, manche weniger. Man teilt deshalb Berichte nach ihrer Länge und ihrem Inhalt ein in **Ausführliche Berichte, Kurzberichte** und **Kurzmeldungen.**

Was? _____
_____
_____
_____
_____

Wer? _____
_____

Wann? _____
_____

Wo? _____
_____

Warum? _____
_____

Welche Folgen? _____
_____
_____

2 Ordne die Begriffe **Ausführlicher Bericht, Kurzbericht und Kurzmeldung** den drei Erklärungen zu!

_____

Informiert möglichst kurz über das Wesentliche.

_____

Informiert genau über die Ereignisse, ohne sie zu bewerten. Eine auffällige Schlagzeile, Bilder sowie Aussagen beteiligter Personen sollen das Interesse des Lesers wecken.

_____

Vermittelt dem Leser einen kurzen, aber trotzdem genauen Überblick über das Ereignis.

3 Ordne die Begriffe **Ausführlicher Bericht, Kurzbericht, Kurzmeldung** den Zeitungsartikeln auf Seite 19 zu!

4 Beantworte die W-Fragen für den Bericht „Fußballtor fiel Buben auf den Kopf"! (Du kannst dafür den Zettel am Rand benutzen.) Sind diese Informationen auch in den anderen beiden Berichten enthalten?

Verbessere fehlerhafte Berichte!

Es gibt nicht nur erfolgreiche Zeitungen. Vom „Alltagsboten" zum Beispiel werden immer weniger Exemplare verkauft. Es lesen ihn nur mehr die Leute, denen offensichtlich nichts an guter Information liegt.

Doch sieh dir selbst einmal eine Seite aus dem „Alltagsboten" an!

1 Lies dir zuerst alle „Berichte" auf Seite 22 und 23 durch! Ordne dann die fünf Erklärungen den „Berichten" zu! Schreibe die richtige Zahl in den Kreis neben den betreffenden Zeitungsartikel!

❶ Die W-Fragen werden äußerst ungenau beantwortet.

❷ In diesem Bericht finden sich zahlreiche Wortwiederholungen.

❸ Die zeitliche Folge der einzelnen Ereignisse ist durcheinander geraten.

❹ Die Sprache ist nicht sachlich, dieser Bericht ist im Stil einer Erlebniserzählung geschrieben.

❺ Zu viele Informationen wurden in nur einen einzigen Satz „gestopft".

> Achtung! So sollen Berichte nicht sein! In allen Berichten kommt nämlich jeweils ein anderer (typischer) Fehler vor! Schau dir die Punkte 1 bis 5 an!

Alltagsbote

UNABHÄNGIG

Nr. 10

€ 0,8; SFR 1,50

Das war für alle ◯ ein Schreck

Wir – die Männer der freiwilligen Feuerwehr Bergheim – waren gerade dabei ein großes Zelt aufzustellen. Denn am nächsten Tag, dem 1. 8., sollte unser Feuerwehrfest stattfinden. Da es bereits acht Uhr abends war, mussten wir alle kräftig Hand anlegen, um nicht von der Dunkelheit überrascht zu werden. Plötzlich ertönte ein furchtbarer Aufschrei. Unser Jungfeuerwehrmann, der 16-jährige Berger Fritz aus Rosenbach, lag reglos am Boden. Als er gerade die Deckenplane fixieren wollte, war er von der zwei Meter hohen Leiter gestürzt. Schrecklich! Meine Kollegen kümmerten sich gleich um den Burschen. Zum Glück war er ansprechbar. Er klagte über heftige Beinschmerzen. Ich rannte gleich zum Telefon und rief die Rettung. Die Zeit bis zu ihrem Eintreffen schien mir ewig lang zu dauern. Der Fritz wurde dann ins Spital gebracht. Der Sanitäter sagte, er habe sich beide Beine gebrochen. Wir alle hoffen, dass er bald wieder bei uns sein kann.

◯ Grenzerfahrungen

Im Auto zweier Leute, die gerade einreisen wollten, stießen Grenzbeamte auf zahlreiche Elektrogeräte, Kosmetikartikel und teure Kleidung. Die Waren stammen vermutlich aus Diebstählen. Die Autoinsassen wurden angezeigt.

Frau Berta erlitt ◯ den Schock ihres Lebens

Daraufhin sprangen die Männer aus dem Auto und liefen in verschiedene Richtungen davon. Nach zwei Stunden konnten beide von der Gendarmerie ohne Gegenwehr festgenommen werden.

Die Verbrecher fingen sich aber sofort wieder und fielen über die zwei her. Sie wurden geknebelt und an Stühle gefesselt.

Spektakuläre Szenen spielten sich gestern in Oberösterreich ab: Walter B. (17) und sein älterer Cousin Roland K. (25) brachen am 13. 4. in Wien-Hietzing in ein Gartenhaus ein. Dabei wurden sie von der 55-jährigen Besitzerin Berta M. und ihrem Neffen Bruno M. überrascht.

Mit dem Wagen fuhren die mutmaßlichen Täter Richtung Oberösterreich, wo sie in Mauerkirchen der Gendarmerie auffielen. Die Räuber beachteten die Anhaltezeichen nicht und fuhren davon. Bei ihrer Flucht wurde der Mercedes so schwer beschädigt, dass er nicht mehr fahrtauglich war.

Ehe sie die Hütte verließen, raubten sie Bruno M. noch die Uhr, eine Halskette und seinen nagelneuen Mercedes.

○ Was es nicht alles gibt!

Der 25-jährige Neuburger Thomas B. fand am 23. 8. in dem neben seinem Haus verlaufenden Bach einen toten, zuvor dem Zoobesitzer Günther S. (38) aus Buchkirchen entkommenen zwei Meter langen Netzpython, den er, nachdem er ihn, mit Gummistiefeln und Handschuhen bekleidet, aus dem Wasser geholt hatte, in einen Kübel tat und von der städtischen Tierkadaververwertung abholen ließ.

○ Ein schwerer Unfall

Zu einem schweren Unfall kam es gestern um 13 Uhr 5 in Landshut. Peter M. (24) kam mit seinem Auto gerade aus seiner Hauseinfahrt. Zu dem schweren Unfall kam es deswegen, weil er den herankommenden Werner R. (40) übersah. Aufgrund dieses schweren Unfalls verständigten Passanten die Rettung. Sie kam sehr rasch und brachte den schwer verletzten Werner R. ins Krankenhaus. Peter M. kam mit einer schweren Gehirnerschütterung davon.

2 Ein ganz bestimmter Fehler kommt in allen Berichten immer wieder vor. Kannst du ihn erkennen?

Kein Wunder, dass die Verkaufszahlen des „Alltagsboten" in den Keller gerutscht sind. Diese Journalisten haben anscheinend nicht die geringste Ahnung, worauf es bei einem Bericht ankommt. Schließlich wird es dem Chefredakteur des „Alltagsboten", Herrn Hugo Sumpf, zu bunt: Er kündigt seinen Journalisten und macht sich auf die Suche nach talentierten Berichteschreibern. Dabei stößt er auf dich!

Deine Anfänge als Journalist/in

Du wirst beauftragt den „Alltagsboten" völlig zu überarbeiten, damit aus ihm wieder ein erfolgreiches Blatt wird. Zweifelsohne kein leichtes Unterfangen!

1 Als Erstes beschließt du den unglücklichen Namen der Zeitung zu ändern. Denke dir einen originellen Namen aus!

 Du hast in letzter Zeit sehr viele Erfahrungen mit Zeitung und Bericht gemacht. Daher bist du der/die Richtige für diese Aufgabe!

2 Schreibe die Artikel von Seite 22 und 23 zu korrekten Berichten um! So gehst du am besten vor:

- Ergänze bei Bericht Nummer ❶ die W-Fragen! (Siehe Seite 6.)
- „Bericht" Nummer ❷ ist eine Erlebniserzählung. Forme sie zu einem Bericht um! (Vgl. Seite 3 bis 5.)
- Bringe bei Nummer ❸ die einzelnen Absätze in die richtige Reihenfolge! Hier brauchst du nichts Neues dazuzuschreiben. (Vgl. Seite 8.)
- Zerlege Bericht Nummer ❺ in mehrere Sätze!
- Beseitige in Bericht Nummer ❷ die Wortwiederholungen! (Hilfe findest du auf Seite 11.)

Ein besonders kniffliger Fall!

Zum Abschluss ein Kriminalfall

Bild 1:
Bei Herrn Anton Funke ist es wieder einmal so weit: Sein Wohnzimmer muss ausgemalt werden. Um acht Uhr Früh haben zwei Malergesellen mit der Arbeit begonnen, nun haben sie es fast geschafft.

Bild 2:
Das Zimmer strahlt wieder im schönsten Weiß. Zufrieden sieht sich Herr Funke um. Doch warum steht eine Schublade offen? O Schreck, die Lade ist leer! Hier hatte Herr Funke doch seine kostbare, 25 cm große Porzellanstatue aus China aufbewahrt! Sofort denkt er an mögliche Verdächtige: War nicht gestern der Elektriker kurz in diesem Raum?

Bild 3:
Der ausgezeichneten Beobachtungsgabe Herrn Funkes ist es zu verdanken, dass der Verdächtige noch am selben Abend festgenommen werden kann.

1 Sieh dir die Bilder genau an! Wer hat deiner Meinung nach die Statue gestohlen? Wo befindet sich die Statue? Was kam Herrn Funke verdächtig vor?

Sachtexte untersuchen

Das ist ein Sachtext, wie du ihn in einem Schulbuch finden kannst. Lies dir den Text einmal durch!

Biber – Architekt der Tierwelt

Der Biber ist das größte Nagetier Mitteleuropas. Er wird 1 m lang und 40 kg schwer. Ähnlich dem Fischotter zeigt auch er Anpassungen an das Wasserleben. Er ist ein Wassertier. Der Biber besitzt ein eingefettetes Fell, verschließbare Nasen- und Ohröffnungen, Schwimmhäute zwischen den Zehen der Hintergliedmaßen und einen abgeplatteten Schwanz. Den Schwanz verwendet er im Wasser zum Steuern und Rudern, an Land zum Aufstützen beim aufrechten Sitzen. Sein gutes Tauchvermögen erlaubt es ihm, bis zu 15 Minuten im Wasser zu bleiben.

Der Biber ist ein vorzüglicher Baumeister. An Gewässern, die tief genug sind, legt er in Uferböschungen einfache Höhlen an, die aber vier bis fünf unterschiedliche Gänge ins Wasser aufweisen. Sie haben häufig mehrere „Stockwerke", um vom jeweiligen Wasserstand unabhängig zu sein. Sind die Dämme fertig, bauen sie an seichten Stellen Inseln, die bis zu 2 m aus dem Wasser ragen können – die Biberburgen. Diese sind für Raubtiere praktisch undurchdringlich. Gelingt es dennoch einem Raubtier eine Biberburg aufzureißen, ist die Biberfamilie längst durch die unterirdischen Gänge ins Wasser geflüchtet. Zum Bauen verwenden die Biber Teile selbst gefällter Bäume, wobei sie diese im Wasser an den Bestimmungsort flößen.

Die Nahrung des Bibers besteht aus saftigen Uferstauden, frischen Trieben und Knospen. Im Winter ernährt er sich von der Rinde von Sträuchern und selbst gefällten Bäumen. Er legt auch Vorratslager unter Wasser an, wobei er Zweige im schlammigen Boden einrammt. Ist im Winter das Gewässer zugefroren, holt der gute Taucher Nahrung von seinen Vorratslagern. In der Nähe menschlicher Kulturen ist er auch Rüben und anderen Hackfrüchten nicht abgeneigt.

Typisch für den Biber ist die Art, wie er Bäume fällt. Er nagt sie mit seinen kräftigen Nagezähnen sanduhrförmig an, bis sie umstürzen.

Biber leben in dauernder Einehe. In einer Biberburg hausen drei bis vier Generationen. Bevor neue Junge kommen, wird jeweils die älteste Nachwuchsgeneration vertrieben, um Platz zu schaffen. Die Jungtiere müssen sich ein neues Revier suchen. Die Mutter säugt die Jungen zwei Monate. Bald können sie schwimmen und tauchen. Biber werden erst nach drei bis vier Jahren geschlechtsreif und bringen pro Jahr nur zwei bis drei Junge zur Welt. Sie werden 15 Jahre alt.

378 Wörter

In diesem Text kommen einige Wörter vor, die nicht ganz einfach zu verstehen sind.

1 Kreise die richtige Bedeutung der folgenden Wörter aus dem Text ein!

1) abgeplatteter Schwanz

a)  b) c)

2) sanduhrförmig

a) 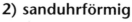 b) c)

3) flößen
a) hinunterschlucken
b) auf dem Wasser schwimmend transportieren
c) rollend fortbewegen

4) Triebe

a) b) c)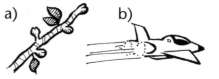

5) Generation
a) elektrischer Antrieb
b) ungefähr Gleichaltrige
c) Anbaufläche von Getreide

6) Kulturen
a) Ausstellungsfläche für Kunsthandwerke
b) Gebiet mit vielen Häusern
c) Anbaufläche von Getreide und Gemüse

2 Schreibe die Wörter heraus, die dir nicht bekannt sind! Schlage ihre Bedeutung im Wörterbuch nach!

3 In diesem Text erfährst du viel über den Biber. Es gibt Textteile, die zusammengehören, weil sie von einer Sache handeln, zum Beispiel vom Aussehen des Bibers.

Kennzeichne mit einem Farbstift, welche Textteile zusammengehören!

Was du über Sachtexte wissen musst

So sind Sachtexte aufgebaut:

■ Sie haben eine **Überschrift**, die dir sagt, worum es geht.

■ Es gibt Abschnitte im Text, die zusammengehören, weil sie von einer Sache handeln. Sie können durch **Teilüberschriften** oder **Absätze** gekennzeichnet sein, zum Beispiel:

Biber – Architekt der Tierwelt

Der Biber ist das größte Nagetier Mitteleuropas. Er wird 1 m lang und 40 kg schwer. Ähnlich dem Fischotter zeigt auch er Anpassungen an das Wasserleben. Er ist ein Wassertier. Der Biber besitzt ein eingefettetes Fell, verschließbare Nasen- und Ohrenöffnungen, Schwimmhäute zwischen den Zehen der Hintergliedmaßen und einen abgeplatteten Schwanz. Den Schwanz verwendet er im Wasser zum Steuern und Rudern, an Land zum Aufstützen beim aufrechten Sitzen. Sein gutes Tauchvermögen erlaubt es ihm, bis zu 15 Minuten im Wasser zu bleiben. → *Aussehen, Körperbau*

Der Biber ist ein vorzüglicher Baumeister. An Gewässern, die tief genug sind, legt er in Uferböschungen einfache Höhlen an, die aber vier bis fünf unterschiedliche Gänge ins Wasser aufweisen. Sie haben häufig mehrere „Stockwerke", um dem jeweiligen Wasserstand angepasst zu sein. Die Wohnkessel sind im Allgemeinen mit Lehm gut ausgekleidet. An Gewässern mit geringer Wassertiefe errichten die Biber Staudämme, um vom Wasserstand unabhängig zu sein. Sind die Dämme fertig, bauen sie an seichten Stellen Inseln, die bis zu 2 m aus dem Wasser ragen können – die Biberburgen. → *Biberburg, Biberbau*

Diese sind für Raubtiere praktisch undurchdringlich. Gelingt es dennoch einem Raubtier eine Biberburg aufzureißen, ist die Biberfamilie längst durch die unterirdischen Gänge ins Wasser geflüchtet. Zum Bauen verwenden die Biber Teile selbst gefällter Bäume, wobei sie diese im Wasser an den Bestimmungsort flößen. → *Fluchtverhalten*

Die Nahrung des Bibers besteht aus saftigen Uferstauden, frischen Trieben und Knospen. Im Winter ernährt er sich von der Rinde von Sträuchern und selbst gefällten Bäumen. Er legt auch Vorratslager unter Wasser an, wobei er Zweige im schlammigen Boden einrammt. Ist im Winter das Gewässer zugefroren, holt der gute Taucher Nahrung von seinen Vorratslagern. In der Nähe menschlicher Kulturen ist er auch Rüben und anderen Hackfrüchten nicht abgeneigt. → *.......................*

Typisch für den Biber ist die Art, wie er Bäume fällt. Er nagt sie mit seinen kräftigen Nagezähnen sanduhrförmig an, bis sie umstürzen. → *Wie er Bäume fällt*

Biber leben in dauernder Einehe. In einer Biberburg hausen drei bis vier Generationen. Bevor neue Junge kommen, wird jeweils die älteste Nachwuchsgeneration vertrieben, um Platz zu schaffen. Die Jungtiere müssen sich ein neues Revier suchen. Die Mutter säugt die Jungen zwei Monate. Bald können sie schwimmen und tauchen. Biber werden erst nach drei bis vier Jahren geschlechtsreif und bringen pro Jahr nur zwei bis drei Junge zur Welt. Sie werden 15 Jahre alt. → *.......................*

378 Wörter

■ Sie enthalten Wörter, die die wichtigsten Informationen enthalten, so genannte **Leitwörter**.

■ Sie enthalten oft **Fremdwörter** oder **Fachbegriffe**.

1 Findest du für die zwei leeren Felder neben dem Bibertext eine passende Teilüberschrift?

"So viele Informationen! Wie soll ich da den Überblick behalten?"

Ganz einfach! Da hilft nur ein gutes Exzerpt!

Was ist eigentlich ein Exzerpt?

Du weißt nun über den Aufbau von Sachtexten Bescheid. Sie enthalten viele wichtige Informationen. Wenn du diese klarer vor Augen haben und dir besser einprägen möchtest, musst du das Wichtige herausfiltern. Genau das tust du, wenn du ein Exzerpt anfertigst. Exzerpieren bedeutet nämlich „herausklauben, auslesen".

Ein Exzerpt kann als Merktext oder in Stichworten abgefasst sein.

Das Exzerpt als Merkstofftext

Wenn du einen Sachtext kürzt und den Inhalt in ganzen Sätzen aufschreibst, erhältst du einen Merkstofftext. Der Text über den Biber könnte als Exzerpt so aussehen:

Der Biber – Architekt der Tierwelt

Der Biber ist ein Nagetier und hervorragend an das Wasserleben angepasst. Er besitzt ein eingefettetes Fell, verschließbare Nasen- und Ohrenöffnungen, Schwimmhäute, einen abgeplatteten Schwanz und außerdem ein gutes Tauchvermögen.

Als vorzüglicher Baumeister legt er in Uferböschungen Höhlen mit vier bis fünf Gängen an. In flachen Gewässern errichtet er Staudämme und baut dann an seichten Stellen Inseln, die Biberburgen. Bei Gefahr flüchtet er durch unterirdische Gänge ins Wasser. Zum Bauen flößt der Biber sanduhrförmig umgenagte Bäume heran.

Seine Nahrung besteht aus saftigen Uferstauden, frischen Trieben und Knospen. Im Winter frisst er die Rinde von Sträuchern und Bäumen und legt Vorratslager unter Wasser an. In der Nähe menschlicher Kulturen ist er auch Rüben und anderen Hackfrüchten nicht abgeneigt.

Er lebt in Einehe, drei bis vier Generationen hausen zusammen in einer Biberburg. Pro Jahr bringen sie zwei bis drei Junge zur Welt.

142 Wörter

---

1 Im ersten Teil der Vorlage auf Seite 27 sind die Leitwörter unterstrichen. Schau nach, ob auch wirklich alle Leitwörter im Exzerpt vorkommen. Unterstreiche sie!

2 Im zweiten Teil des Exzerpts sind die Leitwörter unterstrichen. Suche sie in der Vorlage und unterstreiche sie!

Das Exzerpt als stichwortartige Gedächtnishilfe

Für deinen persönlichen Gebrauch – also etwa für das Lernen oder als Hilfe bei einem Referat – genügt es, wenn du die wichtigsten Informationen, die Leitwörter, stichwortartig und gut gegliedert herausschreibst.

Das Exzerpt könnte dann etwa so aussehen:

Der Biber – Architekt der Tierwelt

Nagetier, angepasst ans Wasserleben
- eingefettetes Fell
- verschließbare Nasen- und Ohröffnungen
- Schwimmhäute
- abgeplatteter Schwanz
- gutes Tauchvermögen

vorzüglicher Baumeister;
Höhlen mit Gängen in Uferböschungen,
Biberburgen auf Inseln in flachen Gewässern (Staudämme)
sanduhrförmig umgenagte Bäume werden an den Bestimmungsort geflößt;

Flucht durch unterirdische Gänge;
<u>Nahrung:</u>

3 Schreibe die unterstrichenen Leitwörter des Bibertextes nun übersichtlich auf den Stichwortzettel! Verwende für den letzten Abschnitt die Teilüberschrift, die du selbst gefunden hast!

Die kleinen Schritte zum erfolgreichen Verstehen und Kürzen

Kann es sein, dass du von den vielen Texten, die du in der Schule lesen musst, oft nur wenig verstehst? Wenn du mit kleinen Schritten beginnst, kommen dir umfangreiche Textungeheuer sicher bald weniger schrecklich vor.

> ❶ **Schau auf die Überschrift!**
> Lass dich von einem längeren, ungegliederten Text nicht abschrecken! Nimm dir einmal die Überschrift vor! Sie zeigt dir meistens sehr klar und eindeutig, worum es geht. Verlier das nicht aus den Augen!

1 Hier findest du eine Auswahl von Überschriften. Schreibe darunter, mit welcher Frage man die Überschrift umschreiben kann!

Schätze des Meeres

Welche Schätze gibt es im Meer?

Roms Aufstieg zur Weltmacht

_____

Tokio – die Probleme einer Millionenstadt

_____

Die Wiese im Jahreslauf

_____

Die magnetische Wirkung des elektrischen Stromes

_____

2 Etwas Geschick erfordert es, Überschriften in Zeitungen und Zeitschriften sofort zu verstehen. Kannst du folgende Beispiele mit Pfeilen richtig zuordnen?

1. Mein Partner mit der kalten Schnauze
2. Die Fledermaus schlägt zurück!
3. Eine glühende Geschichte

A) Wie unsere Sonne entstanden ist
B) Der neueste Film mit Batman
C) Wie ein Polizeihund mit einem Polizisten zusammenarbeitet

Die Überschrift sagt dir, worum es im Text geht. Bevor du zu lesen beginnst, kannst du dich schon auf den erwarteten Inhalt einstellen. So bereitest du dich auf einen bestimmten Wortschatz vor und weißt, auf welche Wörter du dich beim Lesen konzentrieren musst.

Ein Beispiel:

3 Welche der folgenden Wörter werden dir bei der Beantwortung der Frage helfen? Streiche die ungeeigneten durch und markiere die wichtigen im Text!

Wie kann man elektrische Ströme messen?

~~Möglichkeit~~ ■ ~~durchfließen~~ ■ nach der Helligkeit von Lämpchen ■ je heller ■ leuchtet ■ ~~ist~~ ■ ~~beurteilen~~ ■ Stromstärke ■ ~~die~~ ■ ~~Stärke von elektrischen Strömen~~ ■ desto größer

> Eine Möglichkeit wäre, die Stärke von elektrischen Strömen <u>nach der Helligkeit von Lämpchen</u> zu beurteilen, die sie durchfließen. <u>Je heller</u> eine Lampe <u>leuchtet</u>, <u>desto größer</u> ist die <u>Stromstärke</u>.

Konzentriere dich auf aussagekräftige Wörter, „Allerweltswörter" lass beiseite!

Finde nun selbst die wichtigen Wörter heraus!

Warum kommen ausländische Gäste so gerne nach Österreich?

im Sommer ■ Badeurlaubs ■ Bergsteigen ■ zum Bergwandern ■ Seen des Salzkammergutes ■ Alpen ■ Zentren ■ Wassersportes ■ die Seen ■ in- und ausländische Gäste ■ zum Skisport ■ Anziehungspunkte ■ im Winter ■ neben ■ beliebt ■ einladen

> Neben den Alpen, die im Winter zum Skisport und im Sommer zum Bergwandern und Bergsteigen einladen, sind die Seen besondere Anziehungspunkte für in- und ausländische Gäste. Besonders beliebt sind die Seen im Salzkammergut und in Kärnten. Aber auch der Bodensee und der Neusiedler See sind Zentren des Badeurlaubs und des Wassersportes.

Deine Antwort:

Was tun mit Schädlingen im Garten?

aber ■ Schädlinge ■ mit chemischen Giften ■ im Garten ■ umweltschonendere Methoden ■ siedeln ■ manchmal ■ heute ■ Nützlinge ■ vertilgen die Schädlinge ■ natürlichen Feinde ■ wurden ■ so genannte ■ bekämpft ■ früher ■ züchtet ■ Platz

> Jedes Lebewesen hat in der Natur seinen Platz. Manche fressen jedoch gerne unsere Nutzpflanzen und deshalb bezeichnen wir sie oft als Schädlinge. Früher wurden sie mit chemischen Giften bekämpft. Damit vernichtete man aber auch ihre Feinde. Heute gibt es viel umweltschonendere Methoden. Man züchtet die natürlichen Feinde der Schädlinge als so genannte „Nützlinge". Manchmal genügt es sogar, ihnen günstige Lebensbedingungen zu ermöglichen. Die Nützlinge siedeln sich im Garten an und vertilgen die Schädlinge.

Deine Antwort:

Das Wichtigste zu erkennen ist nicht einfach. Man braucht Übung und Geschick dafür!

> **❷ Unterstreiche die Leitwörter!**
>
> Leitwörter sind die Wörter im Text, die die wichtigsten Informationen enthalten. Es kann auch sinnvoll sein ganze Wortgruppen zu unterstreichen.

Wer sich über ein bestimmtes Thema informieren will oder sich auf ein Referat vorbereitet, der findet in Jugendsachbüchern viele interessante Themen.

4 Lies dir den folgenden Text durch und beurteile, welche Teile wichtig für das Thema sind. Unterstreiche dann die Leitwörter!

Eine Burg aus der Ritterzeit

Du bist sicher schon einmal auf einer Ritterburg gewesen. Diese mächtigen Gebäude aus dem Mittelalter gibt es ja gerade bei uns recht zahlreich, manchmal leider nur mehr als Ruine. Wer hat diese Burgen gebaut und wie war das Leben auf einer Burg? Burgen wurden im Mittelalter zum Schutz der Bevölkerung von den adeligen Fürsten und Rittern gebaut. Sie dienten auch als Wohnsitz der Adeligen und waren unterschiedlich groß und geräumig. Man baute sie hoch auf einem Felsen über einem Tal, um einen Fluss oder einen Verkehrsweg besser überwachen zu können. Schon von weitem konnte man dann Reisende sehen und von ihnen Zoll verlangen. Aber auch die Belagerung der Burg wurde so ziemlich schwierig für die Angreifer. Einige Burgen wurden an einer Flussgabelung gebaut. So konnte man einen Graben um die Burg ziehen und ihn leicht mit Wasser füllen. Manchmal wurde eine Burg sogar direkt auf einer Insel im Wasser gebaut. Solche Burgen, die durch einen Wassergraben oder einen See geschützt sind, nennt man Wasserburgen.

Aber die Bauherren haben sich noch ganz andere Sachen einfallen lassen, um es Angreifern möglichst schwer zu machen. Vor dem Haupttor gab es eine Zugbrücke. Sie konnte mit Hilfe einer schweren Eisenkette hochgezogen werden und versperrte so den einzigen Zugang zur Burg über den Burggraben. Durch das große Haupttor der Burg gelangte man unter den ersten Wachturm. Er konnte mit einem Fallgitter zum äußeren Burghof hin abgeriegelt werden. Meistens gab es noch einen zweiten inneren Burghof, der ebenfalls durch einen Wachturm mit Fallgitter gegen Angreifer geschützt wurde.

5 Vervollständige die Wörter der folgenden Liste! Findest du deine Leitwörter darunter?

auf einem ●elsen; geb●ut im Mi●elalter als Schu●z für die Be●ölkerung; als Wohn●it● der Adeligen; Zu●brü●e; Bur●raben; auf ●nseln; ●ber einem Tal; ●uss; Verkehr●weg; Wachtür●e mit Fa●gittern; äu●erer Burghof; i●erer Burghof; Wa●erburg; Flu●gabelungen

❸ **Kennzeichne die Teile eines Textes, die sinngemäß zusammengehören!**

Lies zunächst den Text in Ruhe durch. Kennzeichne dann mit Farbstift die Teile, die von einer Sache handeln!

6 Markiere im folgenden Textabschnitt, was zusammengehört!

> Früher gab es Braunbären in sämtlichen Waldgebieten Europas. Heute ist das Tier nur mehr selten in freier Wildbahn anzutreffen. Der Braunbär ist ein Allesfresser. Er ernährt sich von Früchten, Pilzen, Wurzeln und vielen kleinen Tieren. Nur gelegentlich reißt er auch Schafe und Rinder. Mit Winterbeginn richtet sich der Bär ein Lager ein. Meist in Höhlen oder unter umgestürzten Bäumen hält er dann seine Winterruhe.

7 Versuche aus den angegebenen Teilüberschriften eine passende für deine Textabschnitte zu finden:

Lebensweise ■ Vorkommen ■ Jagdverhalten ■ Leben im Winter ■ Aussehen ■ Ernährung ■ Fortpflanzung

❹ **Entschlüssle Fachbegriffe und Fremdwörter!**

Gelegentlich wirst du im Text auf Wörter stoßen, die schwierig sind oder die du vielleicht gar nicht kennst. Trotzdem könnte es dir gelingen, sie im Textzusammenhang zu verstehen. Lies die entsprechenden Textabschnitte mehrmals durch. Im Zweifelsfall hilft dir ein Lexikon.

8 Kannst du die unterstrichenen Wörter im Zusammenhang erklären?

Diese Legierung aus den Metallen Kupfer und Zinn konnte nun für Gefäße, Speerspitzen und Schmuck verwendet werden.

1. **Legierung**
   a) Verkaufspreis
   b) Staatsführung
   c) Gemisch, Gemenge

2. **Zinn**
   a) Metall
   b) Farbstoff
   c) Schmuck

Besonders der Export von überschüssigem Getreide ins benachbarte Ausland hat stark zugenommen.

3. **Export**
   a) Lager
   b) Ausfuhr
   c) Hafenanlage

4. **überschüssig**
   a) verdorben
   b) zu viel
   c) verbilligt

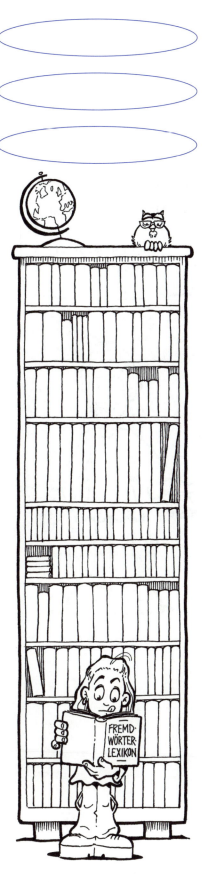

❺ Gestalte ein Inhaltsverzeichnis für dein Gedächtnis!
Zu guter Letzt soll es dir gelingen, auf einem kleinen Zettel alle wichtigen Informationen eines Textes so kurz und übersichtlich wie möglich aufzuschreiben. Dieser Zettel soll ein Inhaltsverzeichnis für dein Gedächtnis sein. Gestalte ihn mit Farbe und kleinen Zeichnungen!

Das heißt, ich soll weiterhin Schummelzettel schreiben!

Eine Burg aus der Ritterzeit

gebaut im Mittelalter als **Schutz** für die Bevölkerung und als **Wohnsitz der Adeligen**;

Lage:
- ☒ auf einem Felsen, über einem Tal, Fluss, Verkehrsweg
- ☒ auf Inseln oder Flussgabelungen mit Wassergraben (Wasserburg)

Schutzvorrichtungen:  Zugbrücke, Burggraben, Wachtürme mit Fallgittern, innerer und äußerer Burghof, Burgmauer mit Zinnen, Pechnase am Tor (heißes Pech auf die Angreifer schütten)

Gebäude:
- ➤ Pallas (Haus der Ritter)
- ➤ Kemenate (Frauenhaus mit Kamin; beheizbar!)
- ➤ Bergfried; höchster Turm mit dem Verlies = Kerker einziger Zugang ist das so genannte „Angstloch"
- ➤ Küche (einer von 2 Kaminen), Lagerräume, Stallungen
- ➤ Burgkapelle
- ➤ Brunnen oder Zisterne (gesammeltes Regenwasser)
- ➤ Gesindehaus für Diener, Mägde, Köche …

Gebäude recht einfach eingerichtet, nur Kapelle und Rittersaal prunkvoll;
im Winter große Kälte, Fenster nur mit Stroh oder Tierhäuten verstopft ⇨ ungemütlich: KRANKHEITEN!!!

Wie du das Wesentliche erkennst

Du weißt jetzt, wie man Schritt für Schritt vorgeht, um einen Text zu verstehen und ein Exzerpt anzufertigen. Das Schwierigste dabei ist zu erkennen, was wirklich wichtig ist. Aber mit ein bisschen Übung bekommst du sicher einen scharfen Blick dafür.

Genau wie in meinem Beruf: Ein Profi muss erkennen, was wirklich wichtig ist. Aber ich habe dafür bereits einen Riecher!!

1 Hier findest du einen Text über die positiven Auswirkungen eines Parks auf die Luftqualität in der Stadt und ein Exzerpt dazu. Vergleiche die beiden Texte: Was wurde im Exzerpt weggelassen? Schreibe die Textstellen auf!

Der Park – die grüne Lunge einer Stadt

An einem heißen Sommertag ist es in der Stadt beinahe unerträglich heiß. Die Hitze steht förmlich in den Straßen und Häuserschluchten. Dort aber, wo ein Park oder eine Grünanlage angelegt sind, ist das nicht so. Die Pflanzen und Bäume des Parks helfen mit, das Klima und die Luft zu verbessern. Die Grünpflanzen verdunsten Wasser. Dadurch wird die Luft befeuchtet und gleichzeitig abgekühlt. Außerdem verbrauchen sie überschüssiges Kohlendioxid und geben Sauerstoff ab. Wenn die Stadtluft zwischen den Zweigen durchstreift, bleibt Staub an den Blättern hängen und die Luft wird gefiltert. Im Schatten der Bäume können Kinder rasten und spielen. Zu unserer Freude siedeln sich bald verschiedene Tiere an.

Der Park – die grüne Lunge einer Stadt

Pflanzen und Bäume helfen mit, das Klima und die Luft in der Stadt zu verbessern. Grünpflanzen verdunsten Wasser, dadurch wird die Luft befeuchtet und abgekühlt. Sie verbrauchen Kohlendioxid und geben Sauerstoff ab. Staub bleibt an den Blättern hängen und die Luft wird gefiltert.

Was weggelassen wurde:

_____
_____
_____
_____
_____
_____

2 Schau dir das Exzerpt noch einmal an! Fällt dir etwas auf? Kreuze an!

☐ Weggelassen wurden Informationen über spielende Kinder.
☐ Übrig bleibt, wie die grüne Lunge funktioniert.
☐ Ich weiß jetzt, was die grüne Lunge ist.

3 Unterstreiche die Leitwörter im Text! Beachte, dass sie auch im Exzerpt vorkommen müssen!

☐ Ja, weil man sonst beim Eislaufen ertrinken müsste!

Warum friert Wasser zuerst an der Oberfläche?

Aus Erfahrung weißt du, dass Pfützen, Teiche oder Seen im Winter immer von oben her zufrieren. Warum ist das so? Es kommt daher, dass sich Wasser in der Nähe des Gefrierpunktes eigenartig verhält. Das Wasser hat bei 4 °C sein kleinstes Volumen und daher seine größte Dichte. Das hat Folgen. Da Wasser von 4 °C am dichtesten und damit am schwersten ist, sinkt es nach unten und verdrängt von dort alles Wasser, das wärmer oder kälter ist. Dies ist der Grund, dass stehende Gewässer immer von oben her zufrieren. Am Boden des Gewässers beträgt die Temperatur 4 °C. Für zahlreiche Tiere und Pflanzen bleibt daher ein ausreichender Lebensraum, in dem sie ungefährdet überleben können.

4 Unterstreiche die Leitwörter im Text!

Weißt du, was diese Begriffe bedeuten?

Gefrierpunkt: Temperatur, bei der Wasser fest (also zu Eis) wird

Volumen: Rauminhalt, d. h. wie viel Platz etwas einnimmt

Dichte: misst die Masse (in kg, g …) im Verhältnis zum eingenommenen Raum (in m^3, cm^3, mm^3 …) – also Masse : Volumen

stehende Gewässer: See, Teich, Tümpel, Weiher

☐ Weil die Fische sonst im Winter auswandern würden.

5 Bestimmt kannst du nun schon selbst erkennen, was in diesem Text wichtig ist. Schreibe die wichtigen Textteile auf!

☐ Weil Wasser bei 4 °C am schwersten ist.

6 Weißt du nun, warum Wasser immer von der Oberfläche her zufriert?
In der Randspalte findest du drei Antworten zur Auswahl. Kreuze die richtige an!

7 Versuche im folgenden Text nicht mehr als acht bis zehn Leitwörter (Wortgruppen) zu unterstreichen!

Der Drucker zum Computer

Zu jedem Computer braucht man einen guten Drucker, damit die am Bildschirm gezeichneten und geschriebenen Werke auch nach dem Ausdrucken noch Freude machen. Noch vor wenigen Jahren waren die lauten Nadeldrucker die einzigen, die man sich als privater Computerbenutzer leisten konnte. Heute erfreuen sich die Tintenstrahldrucker immer größerer Beliebtheit. Schon für 150 Euro kann man einen Tintenstrahldrucker erwerben. Sie sind sehr leise und stehen mit ihrer guten Druckqualität den teureren Laserdruckern um fast nichts nach. Die Tintenstrahldrucker drucken sogar immer öfter farbig. Bei den meisten braucht auch nicht jedes Mal, wenn eine Farbkartusche leer ist, der gesamte Druckkopf ausgetauscht werden. Es gibt bereits Nachfüllsets, mit denen man die leeren Kartuschen wieder befüllen kann.

121 Wörter

8 Schreibe deine Leitwörter heraus!

_____

_____

_____

_____

 Bravo! Wenn du die Fragen mit deinen Leitwörtern beantwortet hast, dann ist eine Belohnung fällig. Vielleicht kannst du diesen Gutschein heute Abend einlösen.

9 Kannst du mithilfe deiner Leitwörter folgende Fragen beantworten?

Welchen Drucker verwendete man früher?

_____

Welche Druckerarten gibt es?

_____

Welche Vorteile haben Tintenstrahldrucker?

_____

Wie werden leere Tintenstrahldrucker wieder einsatzbereit gemacht?

_____

10 Im folgenden Text fehlen ausgerechnet die wichtigsten Informationen. Findige Köpfe können sie selbst ergänzen!

Belohnung ■ ausgezeichneten Kondition ■ gekochtes Herz ■ klug und wertvoll ■ Bayern ■ Lieblingsspeisen ■ Englisch ■ kräftigen Gebiss ■ langschnäuziges, kluges Tier ■ viermal 15 Minuten ■ lässt … nach ■ Double ■ Drehtag ■ Konzentration ■ Tiertrainerinnen

Hundewunder Rex

Rex stammt aus einer Schäferhundfamilie aus _____. Er ist ein _____ mit einem _____ und einer _____. Seine _____ sind Hühnerbrust und _____. Trainiert wird Rex von einer der besten _____ der Welt. Sie kommt aus den Filmstudios in Hollywood und hat schon viel mit Tieren gearbeitet. Rex versteht wie seine Trainerin nur _____. Auf die Filmszenen wird er spielerisch in einem Garten vorbereitet. Nach jedem gelungenen Kunststück bekommt er von seiner Trainerin eine kleine _____. So weiß er, dass er alles richtig gemacht hat. Wie jeder große Star hat auch er ein _____. Wenn ein gefährliches Kunststück im Drehbuch steht, dann erledigt das einer der drei Hunde, die Rex bis aufs Haar gleichen. Ihm darf eben nichts passieren. Dafür ist er viel zu _____. An einem _____ kann höchstens _____ mit ihm gearbeitet werden, dann _____ seine _____ _____.

11 Lies dir den Text noch einmal durch und ordne die Leitwörter den folgenden Teilüberschriften zu!

- Wie wird trainiert?
- Was passiert bei gefährlichen Szenen?
- Arbeitszeit
- Abstammung
- Aussehen
- Lieblingsspeise

Dein erstes gelungenes Exzerpt

Grundgerüst für ein Exzerpt und eine große Hilfe bei der Vorbereitung eines Referates sind **Teilüberschriften** und **Textteile, die zusammengehören**, weil sie von einer Sache handeln.

1 Im ersten Abschnitt des folgenden Textes sind die Leitwörter bereits unterstrichen. Setze damit fort!

Die Kreuzotter – eine Giftschlange

Die in unserer Heimat am weitesten verbreitete Giftschlange ist die Kreuzotter. Aber auch sie ist sehr selten anzutreffen. Ihr bevorzugter Lebensraum sind sonnige Waldhänge und Uferböschungen. Sie ist aber auch in felsigen Gebirgszonen und im Moor zu finden. Die Kreuzotter sonnt sich gewöhnlich nur morgens und abends. Sie meidet die pralle Sonne.

Man erkennt die Kreuzotter an dem dunklen Zickzackband auf dem Rücken und der x-förmigen Zeichnung am Kopf. Sie kann in allen möglichen Farbkombinationen von Schwarz über Grau bis Braun auftauchen. Die Tiere werden 70, höchstens 80 cm lang.

Sie ernähren sich von Mäusen, Vögeln und Fröschen, aber auch Blindschleichen und Eidechsen stehen auf ihrem Speisezettel.

Kreuzottern jagen hauptsächlich in der Dämmerung, daher sind ihre Pupillen schlitzförmig. So regulieren sie den Lichteinfall ins Auge bei Dunkelheit.

Ihre Giftzähne liegen im Ruhezustand umgeklappt in taschenartigen Vertiefungen im Maul. Beim Angriff stellt die Schlange ihre Giftzähne auf und bohrt sie in die Beute. Das Gift dringt in die Blutbahn des Opfers ein und wirkt sehr rasch. Es schädigt Blutkreislauf und Nerven. Nach kurzer Zeit liegt das Beutetier da und wird von der Schlange unzerkaut geschluckt.

Im Spätsommer bringt die Kreuzotter etwa 10–15 lebende Schlangen zur Welt. Auch die jungen Tiere besitzen bereits die zur Jagd erforderlichen Giftzähne.

Die Kreuzotter hat zahlreiche Feinde. Besonders die schnellen Greifvögel und der Iltis, aber auch der Igel mit seinen gefährlichen Stacheln zählen zu ihren größten Feinden. Ihr weitaus gefährlichster Feind ist jedoch der Mensch.

241 Wörter

---

2 Lies dir den Text nochmals durch! Findest du Textteile, die sinngemäß zusammengehören. Kennzeichne sie und schreibe Teilüberschriften in die Felder!

ACHTUNG, WICHTIG!!!

Das eigentliche Lernen geschieht, wenn du dir überlegst, was wichtig ist und wie du es möglichst kurz aufschreibst. Sehr viele Schüler sagen nach einem Test: „Ich habe meinen Schummelzettel gar nicht gebraucht, weil ich alles wusste!"

3 Du kannst dein Exzerpt als stichwortartige Gedächtnishilfe abfassen. Schreibe dazu die Teilüberschriften in dein Übungsheft und ordne ihnen die Leitwörter zu!

Die Kreuzotter = giftig

Lebensraum: sonnige Waldhänge, Uferböschungen, felsiges Gebirge, Moore, selten!!!

Aussehen: grau/schwarz/braun, Zickzackband, x-förmige Zeichnung am Kopf, 70–80 cm lang

Beute: Mäuse, Vögel, Frösche, Eidechsen ... jagt hauptsächlich in der Dämmerung ...

 Du bist wirklich sehr fleißig. Ich meine, du hast dir eine kleine Belohnung verdient.

4 Du könntest aber auch einen Merkstofftext schreiben: Fasse das Wesentliche in kurzen Sätzen zusammen und hebe Wichtiges durch Farbe und Unterstreichen hervor!

So könnte dein Merkstofftext beginnen:

Die Kreuzotter

Die Kreuzotter ist eine seltene heimische Giftschlange. Ihr bevorzugter Lebensraum sind sonnige Waldhänge und Uferböschungen, aber auch felsige Gebirgszonen und Moore. Man erkennt sie am dunklen Zickzackband auf dem Rücken und an der x-förmigen Zeichnung am Kopf. Sie kann Schwarz, Braun oder Grau sein und wird höchstens 70–80 cm lang. Die Kreuzotter jagt hauptsächlich in der Dämmerung nach Mäusen, Vögeln, Fröschen, Blindschleichen und Eidechsen ...

GUTSCHEIN

für eine kleine Aufbesserung deines Taschengeldes!

Klug
(Inspektor)

So bereitest du dich am besten auf ein Referat vor

Auf der nächsten Seite findest du einen Artikel. Er beschreibt sehr gut, wie man sich am besten auf ein Referat vorbereitet. Lies ihn genau durch!

1 Versuche nun zu diesem Artikel ein stichwortartiges Exzerpt anzufertigen! Schreibe dir als Gedächtnisstütze nochmals die fünf Schritte zum erfolgreichen Verstehen und Kürzen auf!

Denke daran, worum es geht. Verlier das nicht aus den Augen!

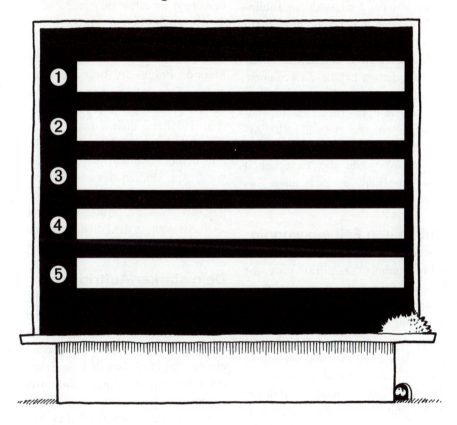

2 Welche der folgenden Fragen trifft deiner Meinung nach den Inhalt dieses Artikels am genauesten!

☐ Welche schwierigen Situationen gibt es im Leben?
☐ Wie findet man das richtige Thema für ein Referat?
☐ Wie kann man sich gut auf ein Referat vorbereiten?

3 Unterstreiche die Leitwörter im Text und schreibe sie geordnet in dein Übungsheft! Die Teilüberschriften im Artikel helfen dir dabei.

4 So, jetzt fällt es dir bestimmt leicht, deinen persönlichen Merkzettel zu gestalten!

Mut zum Auftritt

Mit einem gut vorbereiteten Referat kann man sein Selbstbewusstsein steigern.

Es gibt Menschen, die scheinbar vor gar nichts Angst haben. Wenn man daran denkt, wie viel Mut und Überwindung es kostet, vor andere hinzutreten und etwas zu sagen, dann beneidet man die Menschen, die mit selbstbewusster Stimme, ruhig und klar, vielleicht sogar schlagfertig und humorvoll Rede und Antwort stehen. Jeder kennt Situationen, in denen einem plötzlich ganz heiß wird und man kein vernünftiges Wort mehr hervorbringt, weil einem alle zusehen und zuhören. Tests mit Versuchspersonen haben gezeigt, dass die allermeisten Menschen davor Angst haben, vor einer Gruppe von Personen zu sprechen. Also ist es gar nichts Ungewöhnliches, dass man zunächst einmal ängstlich und gehemmt ist. Aber den Mut zum Auftritt, den kann man lernen. Die Schule bietet dafür eine exzellente Möglichkeit, und zwar beim Halten eines Referates vor der Klasse.

Ein interessantes Thema

Du wirst sehen, wenn du bei der Vorbereitung ein paar entscheidende Punkte berücksichtigst, steigert diese Übung nicht nur dein Selbstbewusstsein, sondern macht auch richtig Spaß. Ganz wichtig ist, dass du ein Thema wählst, das dich wirklich interessiert. Die Zuhörer sollen deine Begeisterung für den Inhalt spüren. Wenn du besonders raffiniert bist, berücksichtigst du bei der Themenwahl, ob es interessantes oder sogar Aufsehen erregendes Anschauungsmaterial dazu gibt. Einige Top-Themen, die immer wieder gut ankommen, sind: Stars (mit Videoausschnitten), Musikgruppen (mit Musik- oder Videoausschnitten), Tiere, aktuelle Sportarten ...

Material sammeln

Für das Materialsammeln solltest du etwa 14 Tage einplanen. Wenn du keine Unterlagen zu deinem Thema zuhause hast, findest du in Bibliotheken (auch in der Schulbibliothek) eine reiche Auswahl an Fachbüchern und Zeitschriften. Vielleicht bittest du auch deinen Lehrer, dir geeignete Materialien zur Verfügung zu stellen. Die reinste Fundgrube sind Jugendzeitschriften, die viele aktuelle Artikel zu verschiedensten Themen enthalten. Wenn du die Gelegenheit hast, empfiehlt es sich auch, ins Internet hineinzuschnuppern.

Auf keinen Fall auswendig

Nachdem du deine Unterlagen sorgfältig studiert hast, musst du dir einen Stichwortzettel anlegen. Schreibe dir auf keinen Fall Wort für Wort auf, was du sagen möchtest, denn dann ist die Versuchung zu groß, dass du den Vortrag nur herunterliest oder auswendig lernst. Ein übersichtlicher, bunt gestalteter Zettel mit den wichtigsten Stichwörtern wird dir die größte Hilfe sein. Besonders wirkungsvoll ist es, wenn du dieses Blatt vor dem Referat kopierst und an die Zuhörer verteilst.

Entscheidend zum Erfolg deines Referates trägt bei, was du an Anschauungsmaterial bietest: Bilder, Poster, Gegenstände, Folien ... Wirklich Aufsehen erregst du, wenn du sogar Tonbandaufnahmen oder Videoausschnitte vorführen kannst. Als fantasievoller Kopf könntest du auch selbst etwas aufnehmen, z. B. ein gespieltes Interview mit einer prominenten Person.

Die Generalprobe zuhause

Etwa drei bis vier Tage vor dem Referatstermin solltest du deine Vorbereitungen abgeschlossen haben. Jetzt arbeitest du nur mehr an deinem mündlichen Vortrag. Übe zunächst vor dem Spiegel und dann vor deinen Eltern oder einem Freund. Präge dir besonders die ersten Sätze gut ein. Am Abend vor deinem Auftritt geh nicht zu spät ins Bett und freue dich darauf, wie du deinen Lehrer und deine Mitschüler mit deinem Referat beeindrucken wirst. Am Morgen des entscheidenden Tages nimm dir Zeit für ein ruhiges, gesundes Frühstück. Übrigens: Zieh etwas an, in dem du dich besonders wohl fühlst.

Dein starker Auftritt

Befestige vor deinem Referat die Bilder mit Klebestreifen an der Tafel, bereite dir den Overhead-Projektor vor und lege kleine Zettelchen in das Buch, aus dem du Bilder herzeigst. Atme einige Male tief durch und nimm dir einen Kugelschreiber oder etwas Ähnliches zum „Festhalten": Wenn du dann „loslegst", sprich so, wie du es zuhause geübt hast: ruhig und konzentriert. Lass dir Zeit und halte Augenkontakt zu deinen Mitschülern. Schau dabei deine Freunde an, lächle sie an – und vermeide es, diejenigen Schulkollegen anzuschauen, mit denen du weniger gut auskommst. Achte auch darauf, dein Material genügend lang herzuzeigen. Schließlich kennen es ja deine Zuhörer noch nicht. Im Übrigen brauchst du dir keine Sorgen zu machen, denn du wirst es erleben: Dein Mut zum Auftritt macht dich stark!

Vom fertigen Stichwortzettel zum mündlichen Vortrag

1 Dein Auftritt vor den anderen ist keine große Sache mehr, wenn du gut vorbereitet bist. Lies dir die folgenden Tipps durch und unterstreiche die Leitwörter!

Vorbereitung zuhause

- Übe das Referat einige Male vor dem Spiegel, einem Freund oder deinen Eltern. Nimm dich selbst auf Kassettenrekorder auf und beachte dabei deine Sprechgeschwindigkeit und Verständlichkeit.
- Präge dir die ersten Sätze deines Vortrages besonders gut ein. Wenn du überzeugend beginnst, wirst du immer selbstsicherer.
- Stelle fest, wo du während deines Vortrages Pausen einlegen kannst. An diesen Stellen hole einmal tief Luft und merke dir den Beginn des nächsten Satzes.

Im Angesicht der Klasse

- Befestige Bilder, die du herzeigen willst, mit Klebestreifen an der Tafel, bevor du mit deinem Referat beginnst.
- Richte dir Anschauungsmaterial griffbereit her – lege dir Zettelchen in ein Buch, wenn du daraus Bilder zeigst.
- Atme einige Male tief durch die Nase ein und durch den Mund aus.
- Beginne erst, wenn alle Zuhörer aufmerksam sind.
- Zeige Anschauungsmaterial genügend lang her.

Zwei verwickelte Kriminalfälle

So, jetzt hast du alles gelernt, was man für das Lösen komplizierter Kriminalfälle braucht!

Jetzt sollte es dir gelingen, die beiden Kriminalfälle auf den Seiten 44 und 45 zu lösen.

Fall 1: Autodiebstahl

Einem Autohändler wurden mehrere Autos gestohlen. Versuche herauszufinden, um welche Wagen es sich handelt, welche Farbe sie haben und wer der Täter ist.

Insgesamt fehlen drei Autos vom Abstellplatz des Autohändlers. Die Reifen am VW sind abgefahren. Markus R. sagte, dass er zur Tatzeit seinen Hund Gassi geführt habe – beweisen könne er das aber nicht. Der Abstellplatz liegt unbeleuchtet am Rande der Stadt. Einziger Schutz sind zwei scharfe Wachhunde im Gelände. Es fehlen ein Fiat, ein Jeep und ein deutscher Wagen. Das Auto mit dem Dachträger ist grasgrün. Der Sportwagen ist erst vor wenigen Tagen mit dem Schiff direkt aus Italien gekommen. Der Geländewagen hat einen Dachträger. Der Wirt bestätigte die Angaben des einen Verdächtigen. Der blaue Wagen ist bereits gebraucht. Der Täter ist mit Sicherheit unter den drei Verdächtigen, die alle bereits verhört wurden. Reinhard F. sagte, er habe kein Interesse an Autos und außerdem Angst vor Hunden. Das kürzlich gelieferte Auto ist rot. Andreas N. gibt an, zur Tatzeit im Lokal „Teddybär" gewesen zu sein.

Fall 2: Die verschwundenen Ringe

Der Maharadscha von Dschaipur gibt einen Maskenball. Alle Gäste erscheinen verkleidet. Ohne Einladung kommt niemand auf das Fest. Während des Festes verschwinden wertvolle Ringe aus der Schatzkammer des Gastgebers. Wer hat sie gestohlen?

Der berühmte Detektiv Max Moosli ist eingeladen, für die Sicherheit auf dem Fest zu sorgen. Er trägt stets eine Brille. Das Gespenst erkannte keiner, erst um Mitternacht wurde das Geheimnis gelüftet. Der Dieb nahm nur die wertvollsten Stücke mit – wahrscheinlich hat er sie noch bei sich. Der Bürgermeister schoss mehrmals mit einer Schreckschusspistole in die Luft. Hinter dem Bärenkostüm verbirgt sich eine Kunstexpertin. Der Täter gehört mit Sicherheit zu den Gästen, die sich ohne Einladung auf das Fest geschummelt haben. Der Cowboy trägt als einziger Gast eine Waffe. Die Giraffe, der Bär und der Koch waren die einzigen Personen, die den Ballsaal verlassen haben. Alle Gäste geraten unter Verdacht, nur Max Moosli kennt den Täter. Die Giraffe trägt eine Brille. Der Bahnmeister liebt italienisches Essen, seine Verkleidung ist typisch – seit Jahren trägt er dasselbe Kostüm. Die Schatzkammer befindet sich im 1. Stock des Palastes. Drei Personen kamen ohne Einladung zum Fest: der Koch, der Cowboy und das Gespenst. Schlag 12 demaskiert sich der Bankdirektor. Bis dahin hatte ihn keiner erkannt.

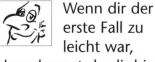

Wenn dir der erste Fall zu leicht war, dann kannst du dir hier die Zähne ausbeißen!

Lösungen

Seite 5:
2) 1, 3, 2, 4
3) **Einleitung:** Lange ... untergebracht. **Hauptteil:** Ich teilte ... Teich zurück. **Höhepunkt:** Mit Unbehagen ... hilflos im Teich. **Schluss:** Immer ... Abendessen.

Seite 6:
1) Der Bericht ist wesentlich kürzer, bringt aber genauere Informationen (z. B. Aussage von Bernd Eder). Die Überschrift ist sachlicher.

Seite 7:
1) **Was?** Ein Schüler angelte eine Stockente. **Wer?** René Manz (12), Sportfischer und Teichbesitzer Bernd Eder (35) **Wann?** 4. Juni abends, während der Landschulwoche **Wo?** In Freiberg, am Fischteich **Warum?** Ente biss in den Angelhaken, an dem die Brotkrume befestigt war **Welche Folgen?** René wurde das Angeln verboten, Ente konnte leicht verletzt in den Teich zurück gesetzt werden

2) und 3) Die falschen Sätze lauten: Freistadt ist ja bekanntlich der Austragungsort der alljährlichen „Mühlviertler Messe", welche immer Zehntausende Menschen anlockt. *(Nebensächliches)* Heuer erhoffen sich die Veranstalter einen Besucherrekord. *(Nebensächliches)* Diese unvernünftigen Kinder heutzutage können einfach nicht aufpassen! *(Übertreibung)* Ich finde, dass man ihnen in Zukunft das Radfahren nur in Begleitung ihrer Eltern erlauben sollte. *(persönliche Meinung des Schreibers)*

4) **Was?** PKW-Lenker rammte Kind **Wer?** Verena B. (11), Oskar S. (25) **Wann?** Samstag, 15. 4. abends **Wo?** Auf einer abgelegenen Straße in Freistadt **Warum?** Kind geriet mit seinem Fahrrad auf die linke Straßenseite **Welche Folgen?** Oskar S. erlitt einen Schock, Verena B. einen Beinbruch. Sie wurde ins Krankenhaus gebracht.

Seite 8:
5) und 6) Brand auf Bauernhof: **Fehlende W-Frage: Wann?** – **Vorschlag:** ... kam es am 23. 3. um 9 Uhr vormittags zu einem Brand ...
Weitere W-Fragen: Was? Ein Feuer vernichtete den Großteil des Bauernhofes. **Wer?** 35-jähriger Landwirt Roman F., 55 Feuerwehrmänner **Wo?** Kirchschlag, Bezirk Wiener Neustadt, Bauernhof **Warum?** Schweißarbeiten **Welche Folgen?** Futtervorräte, Geräte vernichtet, zehn Kühe verbrannten, Schaden mehrere hunderttausend Euro

Traktor stürzte bei Unfall auf Tochter: **Fehlende W-Frage: Warum?** – **Vorschlag:** Das Fahrzeug kippte um, da Anita H. es an einem zu steilen Abhang abgestellt hatte.
Weitere W-Fragen: Was? Ein Traktor stürzte auf eine Frau. **Wer?** Anita H. (25) **Wann?** 2. 6., abends **Wo?** Vorchdorf, landwirtschaftliches Anwesen **Welche Folgen?** Angehörige befreiten die Frau, die Rettung brachte sie ins Spital.

Mit Auto in Bach gelandet: **Fehlende W-Frage: Wo?** – **Vorschlag:** ... kam sie mit ihrem Auto auf einer Landstraße in der Nähe von Grieskirchen ins Schleudern.
Weitere W-Fragen: Was? Auto stürzte in einen Bach **Wer?** Josefine P. (43) und Daniela A. (38) **Wann?** Freitag, den 10. 7. **Warum?** Unbekannte Ursache **Welche Folgen?** Beide wurden schwer verletzt ins Spital eingeliefert.

Seite 9:
1)

Fall	Was?	Wer?	Wann?	Wo?	Warum?	Welche Folgen?
1	1	4	5	3	1	5
2	2	5	4	4	3	2
3	3	1	2	5	2	1
4	4	3	3	2	5	3
5	5	2	1	1	4	4

Seite 13:
Der Verkäufer Jörg Taler überfiel das Geschäft. Alter, Größe und Statur stimmen, den Bart rasierte sich der Mann nach dem Überfall ab. Als Verkäufer ahnte er, dass Lieferanteneingänge oft nicht versperrt sind.

Seite 14:
2) **Was?** Räuber überfiel Geschäft, sperrte Besitzerin in Toilette, erbeutete die Tageseinnahmen (€ 2000)
Wer? Emma Huber (47), Geschäftsinhaberin; Karl Kramer, Nachbar; Jörg Taler (45), Verbrecher
Wann? Freitag, 2. 9., 19 Uhr
Wo? Traunstein, Lebensmittelgeschäft E & B Huber
Warum? Vermutlich aus Geldnot
Welche Folgen? Der Verdächtige konnte vorerst unbemerkt entkommen, wurde aber am Tag darauf gefasst. Die Beute wurde noch nicht gefunden. Frau Huber erlitt einen leichten Schock.

Seite 15:
3) **Was?** Zusammenstoß zweier Pkws
Wer? Thomas F. (35) aus Sierning, Petra B. (23) aus Weitrach
Wann? Samstag, 15. 7., um zirka 15.30 Uhr
Wo? Auf einer Straßenkreuzung in der Nähe von St. Peter, bei einem Zeltfestgelände
Warum? Lenkerin übersah beim Abbiegen einen herankommenden Pkw
Welche Folgen? Thomas F. wurde mit einer Rückenprellung, Petra B. mit einer Gehirnerschütterung und einem Schock in das Steyrer Krankenhaus gebracht. An den Fahrzeugen entstand erheblicher Sachschaden.

Seite 16 und 17:
Bild 1: Was? Auffahrunfall **Warum?** Katze lief plötzlich über die Straße.
Bild 2: Was? Zwei Surfer kenterten. **Warum?** Wegen des heftigen Sturms; die Surfer beachteten das Sturmwarnsignal nicht oder zu spät.
Bild 3: Was? Einsturz eines Baugerüsts **Warum?** LKW kam zu schnell um die Kurve, bremste scharf (siehe Bremsspuren) und stieß mit der rechten Vorderseite (siehe Defekt) an das Gerüst.

Bild 4: Was? Brand in der Pizzeria **Warum?** Brandstiftung (siehe Benzinkanister auf dem Gehsteig)

Seite 18:
3) Straftat: Räuber entwendet Handtasche (siehe linke Bildmitte). Folgende Verbote werden missachtet: Radfahren in der Fußgängerzone; Hund wird nicht an der Leine geführt;
1) Ein Ereignis – unterschiedlich umfangreiche Berichterstattung in den Zeitungsausgaben desselben Tages.

Seite 20:
2) Kurzmeldung; Ausführlicher Bericht; Kurzbericht;
3) Neue Kronen Zeitung: Ausführlicher Bericht; Kurier: Kurzmeldung; OÖN: Kurzbericht
4) Was? Fußballtor stürzte auf den Kopf eines Buben **Wer?** Christian R. (12), Mitspieler, Bruno K. **Wann?** Dienstag Nachmittag **Wo?** Übungssportplatz des ATSV Mattighofen **Warum?** Mitspieler dürfte sich auf das bewegliche Aluminium-Tor gehängt haben **Welche Folgen?** Mit dem Notarzthubschrauber wurde Christian ins Spital geflogen, er erlitt einen Schädelbruch. – Die anderen Berichte enthalten nicht alle Informationen so genau.

Seite 21:
1) Das war für alle ein Schreck (4); Grenzerfahrungen (1); Frau Berta erlitt den Schock ihres Lebens (3); Was es nicht alles gibt! (5); Ein schwerer Unfall (2)

Seite 23:
2) Die Überschriften sind als Schlagzeilen unbrauchbar.

Seite 24:
1) Die Statue befindet sich im Farbkübel des Malers. Nach der Arbeit kann nicht mehr Farbe als vorher (siehe Bild 1) im Eimer sein.

Seite 26:
1) 1c; 2c; 3b; 4a; 5b; 6c
3) Siehe Gliederung auf Seite 27

Seite 27:
1) Nahrung; Familienleben, Fortpflanzung

Seite 30:
1) Wie stieg Rom zur Weltmacht auf? Welche Probleme hat Tokio? Wie verändert sich die Wiese im Laufe eines Jahres? Wie funktioniert die magnetische Wirkung des elektrischen Stromes?
2) 1C; 2B; 3A

Seite 31:
3) Wie kann man elektrische Ströme messen? Nach der Helligkeit von Lämpchen; je heller, desto größer die Stromstärke; **Warum kommen ausländische Gäste so gerne nach Österreich?** Alpen, im Winter, zum Skisport, im Sommer, zum Bergwandern und Bergsteigen, die Seen, Badeurlaubs, Wassersportes; **Was tun mit Schädlingen im Garten?** Früher, mit chemischen Giften, heute, umweltschonendere Methoden, natürlichen Feinde, Nützlinge, siedeln im Garten, vertilgen die Schädlinge

Seite 33:
6) und 7) Früher … anzutreffen. **(Vorkommen)** Der Braunbär … Rinder. **(Ernährung)** Mit Winterbeginn … Winterruhe. **(Leben im Winter)**
8) 1c, 2a, 3b, 4b

Seite 35:
2) Übrig bleibt, wie die grüne Lunge funktioniert.

Seite 36:
5) Da Wasser von 4 °C am dichtesten und damit am schwersten ist, sinkt es nach unten und verdrängt von dort alles Wasser, das wärmer oder kälter ist.
6) Weil Wasser bei 4 °C am schwersten ist.

Seite 37:
9) laute Nadeldrucker; Nadel-, Tintenstrahl-, Laserdrucker; 150 Euro, sehr leise, gute Druckqualität, färbig, mit Nachfüllsets

Seite 38:
10) Bayern; langschnäuziges, kluges Tier; kräftigen Gebiss; ausgezeichneten Kondition; Lieblingsspeisen, gekochtes Herz; Tiertrainerinnen; Englisch; Belohnung; Double; klug und wertvoll; Drehtag; viermal 15 Minuten; lässt …; Konzentration; … nach

Seite 39:
1) Leitwörter: Pupillen schlitzförmig, regulieren Lichteinfall, Giftzähne im Ruhezustand umgeklappt, beim Angriff stellt … auf … bohrt sie in die Beute, Gift schädigt Blutkreislauf und Nerven, Beutetier wird unzerkaut geschluckt;
im Spätsommer 10–15 lebende Schlangen, besitzen bereits Giftzähne
zahlreiche Feinde, Greifvögel, Iltis, Igel, gefährlichster Feind Mensch
2) 1. Absatz: Lebensraum/Vorkommen; 2. Absatz: Aussehen; 3. Absatz: Nahrung/Beute; 4. Absatz: Jagd und Giftzähne; 5. Absatz: Fortpflanzung; 6. Absatz: Feinde

Seite 40:
3) Beute: … Pupillen schlitzförmig, regulieren, Lichteinfall;
Jagd und Giftzähne: … Giftzähne, Ruhezustand, umgeklappt, Angriff, Gift, Blutbahn, schädigt Blutkreislauf und Nerven, unzerkaut geschluckt
Fortpflanzung: … Spätsommer, 10–15 lebende Schlangen, junge Tiere besitzen Giftzähne
Feinde: … zahlreiche Feinde, schnelle Greifvögel, Iltis, Igel, gefährlichster Feind ist der Mensch

Seite 41:
2) Wie kann man sich gut auf ein Referat vorbereiten?
3) und 4) Folgendes muss dein Exzerpt enthalten:

Mut zum Auftritt
Wie man sich gut auf ein Referat vorbereitet

Ein interessantes Thema
- Thema wählen, das dich ehrlich interessiert;
- berücksichtigen: Aufsehen erregendes Anschauungsmaterial

Material sammeln
- Bibliotheken: Bücher, Zeitschriften
- Lehrer
- Jugendzeitschriften
- Internet

Auf keinen Fall auswendig
- Stichwortzettel: auf keinen Fall Wort für Wort übersichtlich, bunt gestaltet → vorher kopieren und verteilen
- Bilder, Poster, Gegenstände, Folien vorbereiten
- Tonbandaufnahmen und Videoausschnitte

Generalprobe zuhause: drei bis vier Tage vorher
- vor Spiegel, Eltern, Mitschülern üben
- Beginn der ersten Sätze einprägen
- früh schlafen gehen, auf Referat freuen
- am Morgen: ruhiges, gesundes Frühstück; Kleidung, in der du dich besonders wohl fühlst

Dein starker Auftritt
- Bilder mit Klebestreifen an Tafel befestigen, OH vorbereiten, Zettel ins Buch
- tief durchatmen, etwas zum Festhalten
- ruhig und konzentriert sprechen; Augenkontakt (Freunde!)

Seite 43:
1) **Leitwörter**: übe vor Spiegel, Freund, Eltern; Kassettenrekorder; Sprechgeschwindigkeit, Verständlichkeit; ersten Sätze besonders gut; Pausen;
Bilder befestigen; Anschauungsmaterial griffbereit; atme durch Nase ein, durch Mund aus; beginne, wenn Zuhörer aufmerksam; Anschauungsmaterial genügend lang herzeigen

Seite 44:
Fall 1: Autodiebstahl

Auto	Kennzeichen	Farbe	Verdächtiger
VW	abgefahrene Reifen	blau	Andreas N. hat den Wirt als Zeugen
Jeep	Dachträger	grasgrün	Markus R. führt einen Hund Gassi
Fiat	Sportwagen aus Italien kürzlich geliefert	rot	Woher weiß Reinhard F. von den Hunden?

Fall 2: Die verschwundenen Ringe

Giraffe	Koch	Cowboy	Bär	Gespenst
trägt eine Brille	Der Bahnmeister liebt italienisches Essen. Seine Verkleidung ist typisch.	Der Cowboy trägt als einziger Gast eine Waffe.	Hinter dem Bärenkostüm verbirgt sich eine Kunstexpertin.	Das Gespenst erkannte keiner. Erst um Mitternacht wurde das Geheimnis gelüftet.
Detektiv Max Moosli trägt stets eine Brille.		Der Bürgermeister schoss mehrmals in die Luft.		Schlag 12 lüftet der Bankdirektor sein Geheimnis.
den Ballsaal verlassen	den Ballsaal verlassen		den Ballsaal verlassen	
	keine Einladung	keine Einladung		keine Einladung

Der Täter hatte keine Einladung und den Ballsaal verlassen: Es ist der Bahnmeister.